FORUM
ARBEITS- UND SOZIALRECHT

Herausgegeben von
Prof. Dr. Meinhard Heinze und Prof. Dr. Horst Konzen

Band 12

Die Haftung der Treuhandanstalt für Sozialplanansprüche der Arbeitnehmer

Andrea Robben-Vahrenhold

Centaurus Verlag & Media UG 1995

Die Deutsche Bibliothek – CIP-Einheitsaufnahme

Robben-Vahrenhold, Andrea:
Die Haftung der Treuhandanstalt für Sozialplanansprüche der Arbeitnehmer / Andrea Robben-Vahrenhold. – Pfaffenweiler : Centaurus-Verl.-Ges., 1995
(Forum Arbeits- und Sozialrecht ; Bd. 12)
Zugl.: Münster (Westfalen), Univ., Diss., 1994
ISBN 978-3-89085-998-9 ISBN 978-3-86226-364-6 (eBook)
DOI 10.1007/978-3-86226-364-6
NE: GT

ISSN 0936-028X * D 6

Satz: Vorlage der Autorin

Vorwort

Die Arbeit hat dem Fachbereich Rechtswissenschaften der Westfälischen Wilhelms-Universität zu Münster im Wintersemester 1993/94 als Dissertation vorgelegen. Rechtsprechung und Schrifttum wurden bis Januar 1994 berücksichtigt.

Mein besonderer Dank gilt meinem Doktorvater, Herrn Prof. Dr. Meinhard Heinze, der die Arbeit durch ständige Gesprächsbereitschaft gefördert hat. Mein weiterer Dank gilt Herrn Prof. Dr. Wilfried Schlüter für die Übernahme des Zweitgutachtens und die umgehende Erstellung seines Votums.

Weiterhin danke ich meinem Ehemann Dr. Olaf Vahrenhold sowie meinen Eltern, ohne deren tatkräftige Unterstützung diese Arbeit nicht hätte entstehen können.
Ihnen widme ich diese Arbeit.

Radebeul, im September 1994 Andrea Robben-Vahrenhold

Inhaltsverzeichnis

Literaturverzeichnis

Acher, Franz Josef:
"Vertragskonzern und Insolvenz - Zur Problematik der Leitungsmacht eines herrschenden Unternehmens bei Insolvenz und Liquidation einer Tochtergesellschaft", in: Beiträge zum Insolvenzrecht, Band 4, Hrsg.: Balz, Kübler, Bruno, Merz, Timm; Köln 1987

Adler, Hans; Düring, Walter; Schmaltz, Kurt
Rechnungslegung und Prüfung der Unternehmen, 5. Aufl., Stuttgart 1987

Adomeit, Klaus; Eiden, Stephan; Schack, Axel
Arbeitsrecht und Privatisierung von Unternehmen durch die Treuhandanstalt, AuA 1991, S. 5 ff.

Altmeppen, Holger
Abschied vom "qualifiziert faktischen Konzern"; Heidelberg 1991

ders.
Grenzenlose Vermutungen im Recht der GmbH, DB 1991, S. 2225 ff.

Assmann, Heinz-Dieter
Gläubigerschutz im faktischen GmbH-Konzern durch richterliche Rechtsfortbildung, JZ 1986, S. 928 ff.

Bärwaldt, Roman
Die Treuhandanstalt nach dem Inkrafttreten des Einigungsvertrages, DtZ 1990, S. 347 ff.

Balz, Manfred
Thesen der Treuhandanstalt und Haftungsfragen, ZIP 1992, S. 446 ff.

Baumbach, Adolf; Hueck, Alfred
GmbH-Gesetz, 15. Aufl., München 1988
zit.: Baumbach-Hueck-Bearbeiter, § und RdNr.

Bauschke, Hans-Joachim
Durchgriff bei juristischen Personen, BB 1975, S. 1322 ff.

Belling, Detlev; Müsgen, Thomas K.
Arbeitsrechtliche Aspekte der Sanierung von Betrieben in den neuen Bundesländern, NZA 1991, Beilage 1, S. 7 ff.

Benne, Dietmar
Haftungsdurchgriff bei der GmbH insbesondere im Fall der Unterkapitalisierung; Köln 1978

Beuthien, Volker
Der Sozialauftrag des Sozialplans, ZfA 1982, S. 181 ff.

Blank, Michael; Blanke, Hermann; Klebe, Thomas; Wendeling-Schröder, Ulrike; Wolter, Henner
Arbeitnehmerschutz bei Betriebsaufspaltung und Unternehmensteilung, 2. Aufl., Köln 1987,
zit.: Blank, Blanke, Klebe u.a., S.

Blaurock, Uwe
Einfluß im Unternehmen und die gesellschaftsrechtliche Haftungsstruktur, in: Festschrift für Walter Stimpel, S. 553 ff.; Hrsg.: Lutter, Mertens, Ulmer, Berlin New York 1985
zit.:Blaurock, in: FS Stimpel, S.

Bleckmann, Albert
Zur verfassungsrechtlichen Sanierungspflicht der Treuhandanstalt, Köln, Berlin u.a. 1992

Bork, Reinhard
Arbeitnehmerschutz bei der Betriebsaufspaltung, BB 1989, S. 2181 ff.

Budde, Wolfgang Dieter; Forster, Karl-Heinz
D-Markbilanzgesetz, Kommentar mit Ergänzungsband, München 1991,
zit.: Budde/Forster-Bearbeiter, § und RdNr.

Brandmüller, Gerhard
Die Betriebsaufspaltung nach Handels-und Steuerrecht, 5. Aufl., 1985

Clausen, Ulrike
Verbundene Unternehmen, Düsseldorf 1992

Cloes, Roger
Die parlamentarische Kontrolle der Treuhandanstalt, in DtZ 1991, S. 291 ff.

Coing, Helmut
Zum Problem des sogenannten Durchgriffs bei juristischen Personen, NJW 1979, S. 1793

Commandeur, Gert
Betriebsübergang in den neuen Bundesländern, AuA 1992, S. 169 ff.

ders.
Die Bedeutung des § 613 a BGB im Bereich der ehemaligen DDR, NZA 1991, S. 705 ff.

Däubler, Wolfgang
AiB Stichworte, Treuhandanstalt, AiB 1990, S. 503 ff.

ders.
Das Arbeitsrecht 2, 7. Aufl., Reinbek bei Hamburg 1990

ders.
Tarifvertragsrecht, 3. Aufl., Baden-Baden 1993

ders.
Verbesserungen im Sozialplanrecht der neuen Bundesländer, AiB 1991, S. 179 ff.

Däubler, Wolfgang; Bösche, Burchard
Zum Inhalt von Sozialplänen nach § 112 BetrVG, Bremen 1975

Däubler, Wolfgang; Kittner, Michael; Klebe, Thomas; Schneider, Wolfgang
Betriebsverfassungsgesetz, 3. Aufl., Köln 1992
zit: Däubler/Kittner-Bearbeiter, § und RdNr.

Decher, Christian E.
Neues zum qualifizierten faktischen GmbH-Konzern, DB 1989, S. 965 ff.

Deilmann, Barbara
Die Entstehung des qualifizierten faktischen Konzerns, Berlin 1990

Dietz, Rolf; Richardi, Reinhard
Betriebsverfassungsgesetz; Band 2, §§ 74-Schluß, 6. Aufl., München 1982

Dornberger, Gerhard; Dornberger, Ute
Das Gesetz zur Privatisierung und Reorganisation des volkseigenen Vermögens, in DB, DDR-Report 1990, S. 3042 ff.

Dorndorf, Eberhard
Sozialplan im Konkurs, Baden-Baden 1978

Drax, Manfred
Durchgriffs- und Konzernhaftung der GmbH-Gesellschafter, Ein Vergleich, München 1992

Drobnig, Ulrich
Haftungsdurchgriff bei Kapitalgesellschaften, Frankfurt/M. 1959

Drüke, Heiner
Die Haftung der Muttergesellschaft für die Schulden der Tochtergesellschaft, München, 1990

Drukarczyk, Jochen
Zum Problem der wirtschaftlichen Vertretbarkeit von Sozialplänen, RdA 1986, S. 115 ff.

Ebenroth, Carsten-Thomas
Die qualifiziert faktische Konzernierung und ihre körperschaftssteuerlichen Auswirkungen, AG 1990, S. 188 ff.

Ebenroth, Carsten-Thomas; Wilken, Oliver
Verlustübernahme als Substitut konzernspezifischer Kapitalerhaltung, BB 1991, S. 2229 ff.

Elser, Dietrich
Der Sozialplan, BB 1983, S. 1168 ff.

Elsner, Joachim
Die Umwandlung der volkseigenen Betriebe in Kapitalgesellschaften, DB 1990, S. 3027

Emmerich, Volker
Anmerkung zu BGH, Urteil v. 04.05.1977-VIII ZR 298/75, NJW 1977, S. 2163 ff.

ders.
Der heutige Stand der Lehre vom GmbH-Konzernrecht, AG 1987, S. 1ff.

Emmerich, Volker; Sonnenschein, Jürgen
Konzernrecht, 4. Aufl., München 1992

Engels, Gerd
Betriebsverfassungsrechtliche Aspekte des Spaltungsgesetzes, DB 1991, S. 966 ff.

Erlinghagen, P.
Haftungsfragen bei einer unterkapitalisierten GmbH, GmbHR 1962, S. 169 ff.

Erman, Walter
Handkommentar zum Bürgerlichen Gesetzbuch, Band 1, 8. Aufl., München 1989,
zit.: Erman-Bearbeiter, § und RdNr.

Fabricius, Fritz; Kraft, Alfons; Thiele, Wolfgang; Wiese, Günther; Kreutz, Peter
Betriebsverfassungsgesetz, Gemeinschaftskommentar, Band I, §§ 1-73, 4. Aufl., Neuwied, Darmstadt 1987, Band II, §§ 74 ff, 4. Aufl., Neuwied, Darmstadt 1990
zit.: Bearbeiter, BetrVG, § und RdNr.

Fitting, Karl; Auffarth, Fritz; Kaiser, Heinrich; Heither, Friedrich
Betriebsverfassungsgesetz, Handkommentar, 17. Aufl., München 1992

Fleck, Hans-Joachim
Die Rechtsprechung des Bundesgerichtshofes zum Recht der verbundenen Unternehmen, WM 1986, S. 1205 ff.

ders.
Kurzkommentar zu BGH, Urteil v. 20.02.1989, EWiR 1989, S. 431 ff.

Flume, Werner
Allgemeiner Teil des Bürgerlichen Rechts, Die juristische Person, Berlin 1983

ders.
Das Video-Urteil als eine Entscheidung des II. Senats des BGH aus dessen Selbstverständnis gesetzgeberischer Gewalt, ZIP 1992, S. 817 ff.

ders.
Das Video-Urteil und das GmbH-Recht, DB 1992, S. 25 ff.

Folke Schuppert, Gunnar
Öffentlich- rechtliche Vorgaben für die Treuhandanstalt bei der Leitung der Treuhandunternehmen, ZGR 1992, S. 454 ff.

Fritsch, Willi
Die Ausgestaltung von Sozialplänen - eine rechtstatsächliche Untersuchung, Bonn 1976

Fuchs, Harald
Der Sozialplan nach dem Betriebsverfassungsgesetz 1972, Köln 1972

Galperin, Hans; Löwisch, Manfred
Kommentar zum Betriebsverfassungsgesetz, 6. Aufl., Heidelberg 1982

Geßler, Ernst; Hefermehl, Wolfgang; Eckardt, Ulrich; Kropff, Bruno
Kommentar zum Aktiengesetz, Band I, §§ 1-75, München 1973/1984
zit.: Geßler/Hefermehl-Bearbeiter, § und RdNr.

Gessner, Volkmar; Plett, Konstanze
Der Sozialplan im Konkursunternehmen, Köln 1982

Gitter, Wolfgang
Anmerkung zu BAG, Urteil v. 19.05.1981 - AZR 308/80, SAE 1982, S. 182 f.

ders.
Anmerkung zu BAG, Urteil v. 14.02.1989 - 3 AZR 191/87, SAE 1990, S. 60 f.

Haarmeyer, Hans; Wutzke, Wolfgang; Förster, Karsten
GesO, Kommentar zur Gesamtvollstreckungsordnung, 2. Aufl., Köln 1992

Hachenburg
Gesetz betreffend die Gesellschaften mit beschränkter Haftung (GmbHG), Hrsg.: Ulmer, Peter; Band 1, §§ 1-34, 8. Aufl., Berlin, New York 1992
zit.: Hachenburg-Bearbeiter, § und RdNr.

Hanau, Peter
Fragen der Mitbestimmung und Betriebsverfassung im Konzern, ZGR 1984, S. 468 ff.

ders.
Möglichkeiten der Sanierung von Unternehmen durch Maßnahmen im Unternehmens-, Arbeits-, Sozial- und Insolvenzrecht, in: Verhandlungen des 54. Dt. Juristentages, Nürnberg 1982, E 1 ff.; München 1982

ders.
Probleme der Mitbestimmung des Betriebsrates über den Sozialplan, ZfA 1974, S. 89 ff.

ders.
Sozialverträgliche Gestaltung bei der Umstrukturierung und Auflösung von Unternehmen, in: Treuhandunternehmen im Umbruch, S. 101 ff.; Hrsg.: Hommelhoff, Peter, Köln 1991

Hanau, Peter; Preis, Ulrich
Das Arbeitsrecht in den neuen Bundesländern nach dem 03.10.1990, in: Das Arbeitsrecht der neuen Bundesländer, RWS-Dokumentation 6, Hrsg: Hanau, Peter; Langanke, Annemarie; Preis, Ulrich; Widlak, Harald; Köln 1991

Heinze, Meinhard
Betriebsübergang und Sozialplanpflichtigkeit - unter besonderer Berücksichtigung der Rechtslage in den neuen Bundesländern, in: Das Arbeitsrecht der Gegenwart, Band 28, 1991, S. 79 ff.

ders.
Nichtsozialplanpflichtige Betriebsänderung, NZA 1987, S. 41 ff.

Heither, Friedrich H.
Betriebsänderungen (§ 111 BetrVG) in der Rechtsprechung des Bundesarbeitsgerichts, ZIP 1985, S. 513 ff.

Hemmer, Edmund
Sozialplanpraxis in der Bundesrepublik, Köln 1988

Henn, Günter
Handbuch des Aktienrechts, 4. Aufl., Heidelberg 1991

Henssler, Martin
Der Arbeitsvertrag im Konzern, Berlin 1983

Hirte, Heribert
Der qualifizierte faktische Konzern, RWS-Dokumentation 12, Köln 1992

Hofmann, Paul
Zum "Durchgriffs"-problem bei der unterkapitalisierten GmbH, NJW 1966, S. 1941 ff.

Hohmeister, Frank-Udo
Handlungsbefugnisse der Treuhandanstalt und Rechtsschutzmöglichkeiten Betroffener, BB 1992, S. 285 ff.

Hommelhoff, Peter
Die Konzernleitungspflicht, Köln 1982

ders.
Konzernpraxis nach "Video" - zugleich Erwiderung auf eine Urteilsschelte, DB 1992, S. 309 f.

Horn, Norbert
Das Zivil- und Wirtschaftsrecht im neuen Bundesgebiet, Köln 1991

ders.
Privatisierung und Reprivatisierung von Unternehmen. Eigentumsschutz und Investitonsförderung im Lichte der neuesten Gesetzgebung, in: Treuhandunternehmen im Umbruch, S. 133 ff.; Hrsg.: Hommelhoff, Peter, Köln 1991

von Hoyingen-Huene, Gerrick
Die wirtschaftliche Vetrtetbarkeit von Sozialplänen, RdA 1986, S. 102 ff.

Hueck, Götz
Gesellschaftsrecht: ein Studienbuch, 19. Aufl., München 1991

Hüper, Rolf
Der Betrieb im Unternehmenszugriff, Köln 1986

Immenga, Ulrich
Die personalistische Kapitalgesellschaft, Bad Homburg 1970

ders.
Privatisierung durch Gesellschaftsrecht: Die Treuhandanstalt, NJW 1993, S. 2471 ff.

Isung, Peter; Thiell, Marie-Theres
Der Übergang laufender Arbeitsverhältnisse nach dem Spaltungsgesetz, DB 1991, S. 2082 ff.

Joost, Detlev
Ausfallhaftung im qualifizierten faktischen GmbH-Konzern, in: Der qualifizierte faktische GmbH-Konzern, S. 133 ff.; Hrsg.: Hommelhoff, Peter; Stimpel, Walter; Ulmer, Peter, Köln 1992

ders.
Betrieb und Unternehmen als Grundbegriffe im Arbeitsrecht, München 1988

Junker, Abbo
Sozialplanansprüche im Konzern, ZIP 1993, S. 1599 ff.

Kerber, Markus C./Stechow, Wilfried R.
Das Treuhandinnenrecht, DWiR 1992, S. 93 ff.

Kissel, Otto Rudolf
"Gesamtdeutsches" Arbeitsrecht am Jahresende 1991, in: Das Arbeitsrecht der Gegenwart, Band 29, 1992, S. 21 ff.

Kleindiek, Detlef
Strukturvielfalt im Personalgesellschaffskonzern, Köln 1991

Kölner Kommentar zum Aktiengesetz
Band 1, §§ 1-75, 2. Aufl., Köln, Berlin, Bonn, München 1988
Band 6, §§ 291-328, 2. Aufl., Köln, Berlin, Bonn, München 1987
zit.: KöKo-Bearbeiter, § und RdNr.

Kohl, Reinhard
Aller guten Dinge sind drei: Bemerkungen zum "Video"-Urteil des BGH vom 23.09.1991, MDR 1992, S. 204 ff.

ders.
Die "TBB"-Entscheidung - Entwarnung im faktischen GmbH-Konzern?, MDR 1993, S. 715 ff.

Konzen, Horst
Arbeitnehmerschutz im Konzern, RdA 1984, S. 65 ff.

ders.
Arbeitsverhältnisse im Konzern - Probleme, Zwischenbilanz, Perspektiven, ZHR (1987) 151, S. 566 ff.

ders.
Unternehmensaufspaltungen und Organisationsänderungen im Betriebsverfassungsgesetz, Heidelberg 1986

Krause, Wolfgang
Die Haftungsbeschränkung auf das Gesellschaftsvermögen bei der GmbH und deren Vorgesellschaft und ihre Konsequenzen für die Gläubiger, DB 1988, S. 96 ff.

Kropff, Bruno
Aktiengesetz, Textausgabe des Aktiengesetzes vom 06.09.1965 mit Begründung des Regierungsentwurfs, Düsseldorf 1965
zit.: Amtl. Begr./Kropff

Krüger, Gerd
Der Tatbestand des qualifizierten faktischen Konzerns, in: Der qualifizierte faktische GmbH-Konzern, S. 41 ff.; Hrsg: Hommelhoff, Peter; Stimpel, Walter; Ulmer, Peter; Köln 1992

Kuhn, Georg
Haften die GmbH-Gesellschafter für Gesellschaftsschulden persönlich?, in: Festschrift für Robert Fischer, S. 351 ff.
Hrsg.: Lutter, Stimpel, Wiedemann, Berlin, New York 1979
zit.: Kuhn, in : FS R. Fischer

Kuhn, Ottmar
Strohmanngründungen bei Kapitalgesellschaften, Tübingen 1964

Lachmann, Jens-Peter
Das Treuhandgesetz, DtZ 1990, S. 238 ff.

Landfermann, Hans Georg
Sanierungsförderung und Gesamtvollstreckung, ZIP 1991, S. 826 ff.

Lehmann, Michael
Das Privileg der beschränkten Haftung und der Durchgriff im Gesellschafts- und Konzernrecht, ZGR 1986, S. 345 ff.

Lenz, C.O.; Mölls, Walter
Arbeitsrecht vor dem Gerichtshof der Europäischen Gemeinschaft, DB 1990, Beilage 15 zu Heft Nr.50

Lipps, Wolfgang
Gesetzgebungs- und Anwendungsfehler im Treuhandrecht der ehemals volkseigenen Wirtschaft, BB 1991, Beilage 9 zu Heft Nr. 12

Lübchen, Gustav-Adolf; Landfermann, Hans georg
Das neue Insolvenzrecht der DDR, ZIP 1990, S. 829 ff.

Lutter, Marcus
Der qualifizierte faktische Konzern, AG 1990, S. 179 ff.

ders.
Die Haftung des herrschenden Unternehmens im GmbH-Konzern, ZIP 1985, S. 1425 ff.

ders.
Die zivilrechtliche Haftung in der Unternehmensgruppe, ZGR 1982, S. 245 ff.

ders.
Finanzausstattung der Kapitalgesellschaften im Aufbau, in: Treuhhandunternehmen im Umbruch, S. 61 ff.; Hrsg.: Hommelhoff, Peter, Köln 1991

ders.
100 Bände BGHZ: Konzernrecht, ZHR (1987) 151, S. 444 ff.

Lutter, Marcus; Hommelhoff, Peter
GmbH-Gesetz, Kommentar, 13. Aufl., Köln 1991
zit.: Fischer/Lutter/Hommelhoff, § und RdNr.

dies.
Nachrangiges Haftkapital und Unterkapitalisierung in der GmbH, ZGR 1979, S. 31 ff.

Lutter, Marcus; Timm, Wolfram
Betriebsrentenkürzung im Konzern, in ZGR 1983, S. 269 ff.

dies.
Zum VEBA/Gelsenberg-Urteil des Bundesgerichtshofs, BB 1978, S. 836 f.

Martens, Klaus-Peter
Grundlagen des Konzernarbeitsrechts, ZGR 1984, S. 417 ff.

ders.
Tarifvertragliche Konzernregelungen, RdA 1970, S. 173 ff.

Maser, Peter E.; Wittig, Jan
Neues Insolvenzrecht in der bisherigen DDR, DB 1990, S. 3134 ff.

Maskow, Dietrich, Hoffmann, Jutta
Rechtsfragen der Privatisierung in den ostdeutschen Bundesländern, BB 1990, Beilage 40 zu Heft 35/36, S. 1 ff.

Meilicke Wienand
Unvereinbarkeit der Video-Rechtsprechung mit EG-Recht, DB 1992, S. 1867 ff.

Möschel, Wernhard
Treuhandanstalt und Neuordnung der früheren DDR-Wirtschaft, ZGR 1991, S. 175 ff.

Möhring, Ludwig
Schutz der Gläubiger einer konzernabhängigen GmbH, Berlin 1992

Müller, Klaus
Zur Haftung des Gesellschafters im Konkurs der unterkapitalisierten Gesellschaft, in ZGR 1975, S. 101

Müller-Freienfels, Wolfram
Zur Lehre vom sogenannten "Durchgriff" bei juristischen Personen im Privatrecht, AcP (1957) 157, S. 522 ff.

Münchener Kommentar zum Bürgerlichen Gesetzbuch
Band 1, §§ 1-240, 3. Aufl., München 1993
Band 2, §§ 241-432, 2. Aufl., München 1985
zit.: MünchKomm-Bearbeiter, § und RdNr.

Nick, Thomas
Konzernbetriebsrat und Sozialplan im Konzern, Berlin 1992

Nirk, Rudolf
Zur Rechtsfolgenseite der Durchgriffshaftung, in: Festschrift für Walter Stimpel, S. 443 ff.; Hrsg.: Lutter, Mertens, Ulmer, Berlin, New York 1985

Oetker, Hartmut; Busche, Jan
Entflechtung ehemals volkseigener Wirtschaftseinheiten im Lichte des Arbeitsrechts, NZA 1991, Beilage 1, S. 18 ff.

Ohl, Heinrich
Der Sozialplan, Karlsruhe 1977

Paschke, Marian
Die kommunalen Unternehmen im Lichte des GmbH-Konzernrechts, S. 263 ff.

Priester, Hans-Joachim
Gesellschaftsrechtliche Überlegungen in den neuen Bundesländern, in: Bericht über die IDW-Fachtagung vom 16.-18.10.1991 in Berlin, Düsseldorf 1992

Püttner, Günter
Die öffentlichen Unternehmen, 2. Aufl., Stuttgart 1985

Raiser, Thomas
Recht der Kapitalgesellschaften, München 1983

Reinhardt, Rudolf; Schultzn Dietrich
Gesellschaftsrecht, 2. Aufl., Tübingen 1981

Rehbinder, Eckard
Konzernaußenrecht und allgemeines Privatrecht, Bad Homburg, Berlin, Zürich 1969

ders.
Minderheiten- und Gläubigerschutz im faktischen GmbH-Konzern, AG 1986, S. 85 ff.

ders.
Treuepflichten im GmbH-Konzern, ZGR 1976, S. 386ff.

ders.
Zehn Jahre Rechtsprechung zum Durchgriff im Gesellschaftsrecht, in: Festschrift für Robert Fischer, S. 579 ff., Hrsg.: Lutter, Stimpel, Wiedemann, Berlin, New York 1979
zit.: Rehbinder, in: FS Fischer, S.

Reuter, Dieter
Der Sozialplan, Bielefeld 1983

ders.
Rechtsfortbildung im Arbeitsrecht, RdA 1985, S. 321 ff.

Richardi, Reinhard
Die Anwendbarkeit des § 613 a BGB bei Betriebserwerb und Neugründung von Unternehmen in den neuen Bundesländern, in:NZA 1991, S. 289 ff.

ders.
Sozialplan und Konkurs, Düsseldorf 1975

Rosener, Wolfgang; Roitzsch, Frank
Die Umwandlung von volkseigenen Betrieben in Kapitalgesellschaften, DtZ 1990, S. 38 ff.

Rowedder, Heinz
Bestandsschutz im faktischen GmbH-Konzern, in: Hommelhoff u.a. (Hrsg), Entwicklungen im GmbH.Konzernrecht, Berlin 1986
zit.: Rowedder, ZGR-Sonderheft 6, S.

Rowedder; Fuhrmann; Koppensteiner; Rasner; Rittner; Wiedemann; Zimmermann
Gesetz betreffend die Gesellschaften mit beschränkter Haftung (GmbHG), 2. Aufl., München 1990
zit.: Rowedder-Bearbeiter, § und RdNr.

Säcker, Franz Jürgen
Arbeitsrechtliche Probleme der Unternehmenskonzentration, Landesbericht Deutschland, in: Arbeitsrechtliche Probleme der Unternehmenskonzentration, S. 127 ff., Hrsg: Birk, Igl; Zacher, Frankfurt/M. 1986

Salje, Peter
Betriebsaufspaltung und Arbeitnehmerschutz, NZA 1988, S. 449 ff.

Schanze, Erich
Einmanngesellschaft und Durchgriffshaftung, Frankfurt/M. 1975

Schartel, Klaus
Rechtsprobleme unternehmensübergreifender Sozialplandotierung, Pfaffenweiler 1992

Schaub, Günter
Arbeitsrechts-Handbuch, 7. Aufl., München 1992

ders.
Die Rahmenvereinbarung der Treuhandanstalt mit den Gewerkschaften und ihre Richtlinien, NZA 1993, S. 673 ff.

ders.
Einführung in das Recht der Betriebsnachfolge, NZA 1991, S. 225 ff.

Scheifele, Bernd
Praktische Erfahrungen beim Unternehmenskauf in den neuen Bundesländern, BB 1991, S. 557 ff.

Schildbach, Thomas; Koenen, Stefan
Die GmbH & CoKG ist grundsätzlich konzernrechnungspflichtig, WPg 1991, S. 661 ff.

Schmidt, Karsten
Abhängigkeit, faktischer Konzern, Nichtaktienkonzern und Divisionsalisierung im Bericht der Unternehmensrechtskommission, ZGR 1981, S. 455 ff.

ders.
Anmerkung zu BGH, Urteil vom 08.07.1970 - VIII ZR 28/69, in JZ 1970, S. 688 ff.

ders.
Anmerkung zu BGH, Urteil vom 04.05.1977 - VIII ZR 298/75, NJW 1977, S. 1451 f.

ders.
Betriebsrentenkürzung im Konzern, ZGR 1983, S. 269 ff.

ders.
Die Eigenkapitalausstattung der Unternehmen als rechtspolitisches Problem, JZ 1984, S. 771 ff.

ders.
Die konzernrechtliche Verlustübernahmepflicht als Dauerschuldverhältnis, ZGR 1983, S. 513

ders.
Gesellschaftsrecht, 2. Aufl., Köln, Berlin, Bonn, München 1991
zit.: K.Schmidt, GesellR, S.

ders.
Konzernhaftung nach dem TBB-Urteil, ZIP 1993, S. 549 ff.

ders.
Verlustübernahmepflicht und Konzernleitungshaftung im qualifizierten faktischen Konzern, ZIP 1989, S. 545 ff.

ders.
Verlustausgleich im qualifizierten faktischen Konzern, in: Der qualifizierte faktische GmbH-Konzern, S. 109 ff.; Hrsg.: Hommelhoff, Peter; Stimpel, Walter; Ulmer, Peter; Köln 1992

ders.
Zum Haftungsdurchgriff wegen Sphärenvermischung und zur Haftungsverfassung im GmbH-Konzern, BB 1985, S. 2074 ff.

Scholz, Franz
Kommentar zum GmbH-Gesetz, Band I, 7. Aufl., Köln 1986
zit.: Scholz-Bearbeiter, § und RdNr.

Schramm, Volker
Konzernverantwortung und Haftungsdurchgriff im qualifizierten faktischen GmbH-Konzern, München 1991

Schulze-Osterloh, Joachim
Gläubiger- und Minderheitenschutz bei der steuerlichen Betriebsaufspaltung, ZGR 1983, S. 123 ff.

Schwark, Eberhard
Die Haftung des herrschenden Unternehmens im qualifizierten faktischen GmbH-Konzern, JuS 1987, S. 443 ff.

Serick, Rolf
Durchgriffsprobleme bei Vertragsstörungen, Karlsruhe 1959

ders.
Rechtsform und Realität juristischer Personen, Berlin, Tübingen 1955
zit.: Serick, Rechtsform und Realität

Simon, Jürgen
Arbeitsrechtliche und Haftungsprobleme bei der Betriebsaufspaltung, in ZfA 1987, S. 311 ff.

Sonnenschein, Jürgen; Holdorf, Britta
Unbegrenzte Haftung eines GmbH-Gesellschafters im Konzern, in JZ, 1992, S. 715 ff.

Spoerr, Wolfgang
Treuhandanstalt und Treuhandunternehmen zwischen Verfassungs-, Verwaltungs- und Gesellschaftsrecht, Köln 1993

Stege, Dieter/Weinspach, F.K.
Betriebsverfassungsgesetz, Handkommentar für die betriebliche Praxis, 6. Aufl., Köln 1990

Stimpel, Walter
Anmerkung zu BAG, Urteil vom 14.02.1988 - 3 AZR 191/87, in: AR-Blattei, Betriebliche Altersversorgung, Entscheidungen 219

ders.
Autokran - Tiefbau - Video: Stand der Rechtsprechung, in: Der qualifizierte GmbH-Konzern, S. 5 ff.; Hrsg.: Hommelhoff, Peter; Stimpel, Walter; Ulmer, Peter, Köln 1992

ders.
Bemerkungen zur BGH-Rechtsprechung zum Gläubigerschutz im faktischen GmbH-Konzern, in: Entwicklungen im GmbH-Konzernrecht mit Diskussionsbericht, S. 39 ff.; Hrsg. Hommelhoff u.a., Berlin, New York 1986
zit.: Stimpel, ZGR-Sonderheft 6, S.

ders.
Durchgriffshaftung bei der GmbH: Tatbestände, Verlustausgleich, Ausfallhaftung, in: Festschrift für Reinhard Goerdeler, S. 601 ff., Hrsg.: Havermann, HansDüsseldorf 1987,
zit.: Stimpel, FS Goerdeler, S.

ders.
Haftung im qualifizierten faktischen GmbH-Konzern, ZGR 1991, S. 144 ff.

Timm, Wolfram
Anmerkung zu BAG, Urteil vom 19.05.1981-3 AZR 308/80, in: AR-Blattei, Betriebliche Altersversorgung Entscheidungen 86/92

Timm, Wolfram; Schöne Thorsten
Die Thesen der Treuhandanstalt zu Haftungsfragen - eine kritische Bestandsaufnahme, ZIP 1992, S. 969 ff.

Uhlenbruck, Wilhelm
Die Treuhandanstalt und die gesellschaftsrechtlichen Haftungsnormen, BB 1992, S. 789 ff.

Ulmer, Peter
Die GmbH und der Gläubigerschutz, GmbHR 1984, S. 256 ff.

ders.
Gesellschafterdarlehen und Unterkapitalisierung bei GmbH & CoKG, in: Festschrift für Duden, S. 661 ff.; Hrsg.: Pawlowski, Wiese, Wüst, München 1977
zit.: Ulmer, FS Duden, S.

ders.
Gläubigerschutz bei Treuhandunternehmen, in: Treuhandunternehmen im Umbruch, S. 39 ff.; Hrsg.: Hommelhoff, Peter, Köln 1991

Unger, Klaus
Die Inanspruchnahme des verdeckten Kapitalgebers, KTS 1959, S. 33 ff.

Vonnemann, Wolfgang
Die Haftung im qualifizierten faktischen GmbH-Konzern, BB 1990, S. 217 ff.

ders.
Die Haftung im qualifizierten faktischen GmbH-Konzern - Zum Stand des Konzernhaftungsrechts nach dem Tiefbau-Urteil des BGH vom 20.02.1989, DB 1990, S. 2509 ff.

ders.
Haftung von GmbH-Gesellschaftern wegen materieller Unterkapitalisierung, GmbHR 1992, S. 77 ff.

Walter, Horst
Betriebssanierung - was ist arbeitsrechtlich zu beachten, AuA 1991, S. 357 ff.

Weimar, Robert
Die Entflechtung von Treuhandunternehmen, ZIP 1991, S. 769 ff.

ders.
Die Eröffnungsbilanz der Treuhandanstalt, ZIP 1992, S. 378 ff.

ders.
Die typische Betriebsaufspaltung - ein Unterordnungskonzern, ZIP 1988, S. 1525 ff.

ders.
Einstandspflicht der Treuhandanstalt für Sozialpläne ihrer Beteiligungsunternehmen, ZIP 1991, S. 1529 ff.

ders.
Handlungsformen und Handlungsfelder der Treuhandanstalt - öffentlich-rechtlich oder privatrechtlich?, DöV 1991, S. 820 ff.

ders.
Nachprivatisierungsprobleme: Rechte und Handlungsrisiken für die Beteiligten nach Erwerb eines Treuhandunternehmens, Köln 1992

ders.
Treuhandanstalt und Treuhandgesetz, BB 1990, Beilage 40 zu Heft 35/36, S. 10 ff.

ders.
Treuhandanstalt und Treuhandunternehmen: Qualifizierte faktische Konzernverbindungen?, ZGR 1992, S. 477 ff.

Weimar, Robert; Bartscher, Bruno
Treuhandanstalt und Konzernrecht, ZIP 1991, S. 69 ff.

Weimar, Robert; Alfes, Jochen
Betriebsbelegschaft als Investitionshemnis in den neuen Bundesländern: Arbeitsrechtliche Fragen um VermG, SpTrUG und THG, BB 1991, Beilage 9 zu Heft 12, S. 16 ff.

dies.
Betriebsübernahme ohne § 613 a BGB, NZA 1993, S. 155 ff.

dies.
Widerspruchsrecht des Arbeitnehmers bei Umstrukturierung bei Treuhandunternehmen, NZA 1991, S. 833 ff.

Weitnauer, Hermann
Der Sozialplan im Konkurs, ZfA 1977, S. 111 ff.

Westermann, Harm Peter
Das TBB-Urteil - ein Neuansatz bei der Haftung wegen qualifizierter faktischer Konzernierung?, ZIP 1993, S. 554 ff.

ders.
Der Tatbestand des qualifizierten faktischen Konzerns, in: Der qualifizierte faktische GmbH-Konzern, S. 21 ff.; Hrsg.: Hommelhoff, Peter; Stimpel, Walter; Ulmer, Peter, Köln 1992

Wiedemann, Herbert
Die Unternehmensgruppe im Privatrecht, Tübingen 1988

ders.
Gesellschaftsrecht, München 1980
zit.: Wiedemann, GesellR, S.

ders.
Juristische Person und Gesamthand als Sondervermögen, WM 1975, Sonderbeilage Nr.4/5, S. 7 ff.

ders.
Spätlese zu Autokran, ZGR 1986, S. 656 ff.

Wiedemann, Herbert; Stumpf, Hermann
Tarifvertragsgesetz, Kommentar, 5. Aufl., München 1977

Wilhelm, Jan
Die Vermögensbindung bei der Aktiengesellschaft und der GmbH und das Problem der Unterkapitalisierung, in: Festschrift für Werner Flume II, S. 37 ff., Hrsg.: Jakobs, Knobbe-Keuk, Picker, Wilhelm; Köln 1987
zit.: Wilhelm, in: FS Flume, S.

ders.
Rechtsform und Haftung bei der juristischen Person, Köln, Berlin, Bonn, München 1981
zit.: Wilhelm, Rechtsform und Haftung, S.

Willemsen, Heinz Josef
Tendenzen der Betriebsaufspaltung im Arbeitsrecht, in: Priester; Timm (HrsG), Abschied von der Betriebsaufspaltung, Köln 1990

Windbichler, Christine
Arbeitsrecht im Konzern, München 1989

Winkler, Karl
Die Haftung der Gesellschafter einer unterkapitalisierten GmbH, BB 1969, S. 1202 ff.

Wlotzke, Otfried
Betriebsverfassungsgesetz, 2. Aufl., München 1992

Worzalla, Michael
Arbeitsrecht in den neuen Bundesländern - Sonderregelungen und ausgewählte Probleme, DtZ 1992, S. 306 ff.

Würdinger, Hans
Aktienrecht und das Recht der verbundenen Unternehmen, 4. Aufl., Karlsruhe 1981

Wüst, Günther
Gläubigerschutz bei der GmbH, Stuttgart, Berlin, Köln, Mainz 1966

ders.
Unterkapitalisierung und Überschuldung bei Beschränkthaftern, JZ 1985, S. 817 ff.

v. **Wysocki, Klaus; Diel, Roland; Glaubig, Jürgen; Heinrich, Thomas; Rammert, Stefan; Wenzler, Christian**
Die D-Markeröffnungsbilanz 1990, 2. Aufl., Stuttgart 1991

Zöllner, Wolfgang
Zum Unternehmensbegriff der §§ 15 ff. AktG, ZGR 1976, S. 1 ff.

ders.
Zur aktienrechtlichen Unternehmenseigenschaft der Bundesrepublik Deutschland, AG 1978, S. 40 ff.

Einleitung

Sozialpläne spielen in den neuen Bundesländern aufgrund der erheblichen Umstrukturierungen, diese oftmals verbunden mit Massenentlassungen, eine große Rolle. Zur Zahlung der Abfindungen sind zunächst die Unternehmen verpflichtet. Das Kreisgericht Erfurt hat daneben in einer ausführlich begründeten Entscheidung vom 29.07.1991[1] eine konzernrechtliche Haftung der Treuhandanstalt für die Erfüllung eines Sozialplans eines ihrer Verwaltung unterliegenden GmbH-Unternehmens angenommen. Diese Entscheidung wurde zwar nicht rechtskräftig, löste aber eine intensive und kontrovers geführte Diskussion, insbesondere zu den konzernrechtlichen Haftungsrisiken der Treuhandanstalt, aus. Diese Diskussion ist immer von der Überlegung begleitet worden, inwieweit über Jahrzehnte gewachsenes Recht auf einen Umwälzungsvorgang dieser Größenordnung übertragen werden kann.

Die vorliegende Arbeit setzt sich mit der Frage auseinander, unter welchen Voraussetzungen wegen der Verbindlichkeiten aus den Sozialplänen im GmbH-Bereich die Treuhandanstalt eine Haftung treffen kann. Der Schwerpunkt wird auf die konzernrechtlichen Haftungstatbestände unter Einbeziehung der neuen Entwicklung in der Rechtsprechung einerseits und unter Berücksichtigung des § 28 a EGAktG andererseits gesetzt. Daneben wird eine Einstandspflicht der Treuhandanstalt außerhalb des Konzernrechts Gegenstand der folgenden Prüfung sein.
In die Untersuchungen soll die in der Literatur vergleichsweise unbeachtete, für die Arbeitnehmer gleichwohl nicht unbedeutende Frage nach den Bezugsgrößen und Gesichtspunkten für die wirtschaftliche Vertretbarkeit der Sozialpläne miteinbezogen werden.
Zu Beginn soll jedoch ein Überblick über die Entstehungsgeschichte und die Organisation der Treuhandanstalt gegeben werden.

---

1 ZIP 1991, S. 1233 ff.

Kapitel 1
Die Treuhandanstalt und Sozialplanpflicht im Zuge ihrer Aufgabenerfüllung nach dem Treuhandgesetz

A. Darstellung der Entwicklung, Organisation und Aufgaben der Treuhandanstalt

I. Die Treuhandanstalt und ihre Aufgaben unter Berücksichtigung der UmwandlungsVO

1. Entstehung der Treuhandanstalt

Die "Anstalt zur treuhänderischen Verwaltung des Volkseigentums" wurde durch Beschluß des Ministerrats am 01.03.1990 noch unter der Regierung des Ministerpräsidenten Modrow gegründet.[2] Sie wurde als Anstalt des öffentlichen Rechts mit territorialen Untergliederungen (Außenstellen) organisiert. Rechtsstellung, innere Struktur und Befugnisse der Treuhandanstalt wurden in einem Statut mittels Beschluß vom 15.03.1990 konkretisiert.[3] Danach war es ihre Aufgabe, die Treuhandschaft über das volkseigene Vermögen zu übernehmen.

2. Erlaß und Intention der UmwandlungsVO

Gleichzeitig wurde mit Beschluß des Ministerrats der DDR über die Gründung der Treuhandanstalt die Verordnung zur Umwandlung von volkseigenen Kombinaten, Betrieben, juristisch selbständigen Einrichtungen und wirtschaftsleitenden Organen in Kapitalgesellschaften erlassen.[4] Hierin wurde die Umwandlung der unter Treuhandverwaltung gestellten Betriebe in eine Aktiengesellschaft oder eine Gesellschaft mit beschränkter Haftung angeordnet.[5] Die Gesellschafterrechte wurden durch Beauftragte der Treuhandanstalt

---

2 Beschluß des Ministerrats zur Gründung der Anstalt zur treuhänderischen Verwaltung des Volkseigentums vom 01.03.1990, GBl DDR I Nr. 14, S. 107

3 Beschluß des Ministerrats über das Statut der Anstalt zur teuhänderischen Verwaltung des Volkseigentums vom 01.03.1990, GBl DDR I Nr. 18, S. 167

4 GBl DDR I, Nr. 14, S. 107

5 Dornberger, DB 1990, S. 3042; Rosener/Roitzsch, DtZ 1990, S. 38

wahrgenommen, die ihrerseits gegenüber der Volkskammer rechenschaftspflichtig waren.[6]
Mit dieser Verordnung sollte ein Weg geschaffen werden, sozialistische Wirtschaftseinheiten mit einer privatrechtlichen Organisationsstruktur zu versehen.[7]
Eigentliche Zielrichtung war es dabei nicht, eine Privatisierung der Wirtschaft zu erreichen. Vielmehr war ursprünglich die Beibehaltung des Volkseigentums mit einer zentralgeleiteten Verwaltungswirtschaft vorgesehen. Lediglich einige privatwirtschaftliche Minderheitsbeteiligungen waren geplant. Dabei sollten sich regelmäßig nicht mehr als 49 % der Gesellschaftsanteile in privater Hand befinden.[8, 9]
Im Ergebnis hat sich die UmwandlungsVO jedoch als unzureichend erwiesen. Von ihren Möglichkeiten war nur in beschränktem Umfange und sehr zögernd Gebrauch gemacht worden. Nur wenige der insgesamt 8000 Betriebe[10] waren bis zum Erlaß des Treuhandgesetzes am 01.07.1990 auf der Grundlage der UmwandlungsVO zu Aktiengesellschaften oder Gesellschaften mit beschränkter Haftung umgewandelt worden.[11]
Unter Berücksichtigung dieses Hintergrundes wird deutlich, welch entscheidene Veränderung sich ab dem 01.07.1990 vollzog.

II. Organisation und gesetzlicher Auftrag nach Erlaß des Treuhandgesetzes

Die Treuhandanstalt erfuhr nach Erlaß des am 01.07.1990 in Kraft getretenen "Gesetzes zur Privatisierung und Reorganisation des volkseigegen Vermögens"

---

6 Dornberger, DB 1990, S. 3042

7 Horn, Das Zivil- und Wirtschaftsrecht im neuen Bundesgebiet, S. 320

8 Wild, in Hommelhoff, Treuhandunternehmen im Umbruch, S. 2

9 Nach Abwicklung aller notwendigen Rechtshandlungen wurde die neugebildete Kapitalgesellschaft auf Antrag in das Handelsregister eingetragen und damit die Umwandlung rechtswirksam vollzogen; zu den näheren Voraussetzungen für die Eintragung siehe Elsner, DB 1990, S. 3027; Lachmann, DtZ 1990, S. 238 ff.

10 eine Aufstellung des gesamten Treuhandvermögens befindet sich bei Möschel, ZGR 1991, S. 175 ff.

11 Hohmeister, BB 1992, S. 285, 286; Maskow/Hoffmann, BB 1990 Beilage 40 zu Heft 35/36, S. 1, 4

(THG)[12] grundlegende Änderungen bezüglich ihrer Organisation und ihres gesetzlichen Auftrags.
Schon der zwischen den beiden ehemaligen deutschen Staaten geschlossene Vertrag über die Schaffung einer Währungs-, Wirtschafts- und Sozialunion vom 18.05.1990 hatte die damalige DDR auf die Einführung der sozialen Marktwirtschaft festgelegt.[13] Das am 01.07.1990 so dann in Kraft getretene THG, welches am 17.06.1990 von der neuen Volkskammer unter dem Ministerpräsidenten de Maziere beschlossen wurde, diente dem Ziel, diese Verpflichtung zu erfüllen.[14] Ausweislich seiner Präambel ist die unternehmerische Tätigkeit des Staates so rasch und so weit wie möglich zurückzuführen und die ehemals volkseigenen Wirtschaftseinheiten wettbewerbsrechtlich zu strukturieren und zu privatisieren.
Die einschneidenste Veränderung war, daß gem. § 11 Abs. 2 THG die volkseigenen Betriebe, die sich noch nicht aufgrund der Modrow-Verordnung in Kapitalgesellschaften umgewandelt hatten, mit Erlaß des THG am 01.07.1990 kraft gesetzlicher Fiktion in Aktiengesellschaften oder Gesellschaften mit beschränkter Haftung umgewandelt worden sind.[15] Somit entstanden auf dem Gebiet der DDR an diesem Tag etwa 8000 Aktiengesellschaften und Gesellschaften mit beschränkter Haftung.[16] Alleingesellschafter dieser kraft Gesetzes errichteten Kapitalgesellschaften ist gem. § 1 Abs. 4 THG die Treuhandanstalt.

Das THG stellt auch heute noch die entscheidende Rechtsgrundlage für die Privatisierung in den neuen Bundesländern dar, weil es durch Art. 25 des Einigungsvertrags nur mit wenigen Abänderungen aufrechterhalten wurde. Er-

---

12 GBl DDR I 1990, S. 300

13 BGBl II 1990, S. 537 ff.; GBl DDR I 1990, S. 332 ff.; vgl. auch Staatsvertrag, Gemeinsames Protokoll über Leitsätze, GBl DDR I 1990, S. 339 (Nr. A. II. 7)

14 GBl DDR I 1990, S. 300

15 Vgl. § 11 Abs. 2 THG

16 zur genauen Zusammensetzung dieser Zahl siehe Angaben der THA in einer Pressemitteilung, abgedruckt in FAZ 30.08.1990, S. 13, 14; danach wurden genau 7 894 Betriebe umgewandelt. Die 402 land- und forstwirtschaftlichen Betriebe sind von der Umwandlung nicht erfaßt worden (§ 11 Abs. 3 THG), ebensowenig die den Gemeinden, Städten, Kreisen und Ländern unterstellten Betriebe oder Einrichtungen. Betriebe, die kommunale Versorgungsaufgaben zu erfüllen haben, sind den Gemeinden nach dem Kommunalvermögensgesetz vom 06.07.1990, GBl. I Nr. 42, S. 660 zu übertragen. Landwirtschaftlicher Grund ist nach dem Landverwertungsgesetz vom 22.07.1990, GBl I Nr. 49, S. 899, zu privatisieren.

gänzt wird das THG durch die neu gefaßte Satzung der Treuhandanstalt vom 18.07.1990[17].

1. Organisation nach dem 01.07.1990

a) Stellung der Treuhandanstalt

Die Treuhandanstalt erhielt nach Art. 25 Abs. 1, S. 2 des Einigungsvertrags den Status einer bundesunmittelbaren Anstalt des öffentlichen Rechts. Bei den Beteiligungen der Treuhandanstalt handelt es sich um mittelbare Beteiligungen des Bundes.[18]
Die Treuhandanstalt unterliegt der Fach- und Rechtsaufsicht des Bundesfinanzministers im Einvernehmen mit dem Bundeswirtschaftsminister und dem jeweilig zuständigen Fachminister.[19] Außerdem unterliegt die Treuhandanstalt seit dem 24.10.1990 der parlamentarischen Kontrolle durch den Unterausschuß "Treuhandanstalt" des Haushaltsausschusses des Deutschen Bundestags. Zu den wichtigsten Aufgaben dieses
Ausschußes gehört u.a. die Überprüfung der Wirtschaftspläne der Treuhand, um so möglichst frühzeitig Risiken für den Bundeshaushalt aufzudecken.[20]
Sitz der Anstalt ist gem. § 2 Abs. 8 THG Berlin.

b) Organe der Treuhandanstalt

Die Treuhandanstalt besitzt zwei Organe: einen Vorstand und einen Verwaltungsrat.

aa) Der Vorstand

Der Vorstand der Treuhandanstalt besteht gem. § 3 Abs. 2 THG aus dem Präsidenten sowie mindestens vier weiteren Vorstandsmitgliedern, die durch den Verwaltungsrat auf vier Jahre bestellt und aus wichtigem Grund wieder abberufen werden können.[21] Gegenwärtig umfaßt der Vorstand neun Mitglieder. Neben der Präsidentin gibt es acht weitere Mitglieder, denen einerseits Funk-

17 GBl DDR I 1990, Nr. 53, S. 1076

18 Vgl. Art. 25 Abs. 1, S. 4 des Einigungsvertrags

19 vgl. Art. 25 Abs. 1, S. 2, 3 des Einigungsvertrags

20 vgl. dazu im einzelnen Cloes, DtZ 91, S. 291, 292

21 vgl. § 3 Abs. 2 THG, § 11 Abs. 2 TreuhAS

tionalbereiche (z.B. Personal, Finanzen, Niederlassungen), andererseits Sachbereiche (häufig Branchen der volkseigenen Wirtschaft) zugeordnet sind.[22] Die Vorstandsmitglieder leiten das Tagesgeschäft ihrer Geschäftsbereiche in eigener Verantwortung.[23] Wesentliche Entscheidungen werden von den Vorstandsmitgliedern nur vorbereitet und vom Vorstand als Kollegialorgan getroffen.

Im Rechtsverkehr wird die Treuhandanstalt durch 2 Vorstandsmitglieder zusammen oder ein Vorstandsmitglied gemeinsam mit einem bevollmächtigtem Direktor vertreten.[24]

bb) Der Verwaltungsrat

Der Verwaltungsrat besteht gem. Art. 15 Abs. 2, S. 1 des Einigungsvertrages aus dem Vorsitzenden und aus zwanzig, für die erste Amtsperiode aus 23, weiteren Mitgliedern. Fünf der Mitglieder stammen aus den neuen Bundesländern, bei denen es sich derzeit um die jeweiligen Ministerpräsidenten handelt. Die anderen Mitglieder werden gem. Art. 15 Abs. 2, S. 3 des Einigungsvertrages von der Bundesregierung berufen.

Der Verwaltungsrat hat keine Außenbefugnisse. Seine wesentliche Aufgabe besteht darin, den Vorstand zu beraten und seine Geschäftstätigkeit zu kontrollieren und zu unterstützen.[25] Weitreichende Entscheidungen kann der Verwaltungsrat von seiner Zustimmung abhängig machen. Dies betrifft den Wirtschaftsplan, den die Treuhandanstalt gemeinsam mit einem Finanzierungsplan aufzustellen hat.

c) Niederlassungen der Treuhandanstalt

Die Treuhandanstalt errichtete 15 Niederlassungen in den ehemaligen Bezirkshauptstädten, die damit betraut sind, vor Ort Betriebe mit bis zu 1500 Beschäftigten zu privatisieren und den Kontakt mit den Kommunen zu halten.[26] Diss entsprach jedoch zunächst nicht der gesetzlich vorgesehenen Form.

---

22 Geschäftsordnung der THA, Organisationsstandbuch Nr. 1.6, § 10 Abs. 1, S. 1; vgl. auch Bleckmann, Sanierungspflicht, S. 5; Scheifele, BB 1991, S. 557, 558

23 vgl. § 10 Abs. 2 der Geschäftsordnung

24 vgl. § 11 Abs. 4 TreuhAS

25 vgl. § 4 Abs. 1 THG

26 Scheifele, BB 1991, S. 557, 558; Weimar, BB 1990 Beil. 40 zu Heft 35/36, S. 10, 12

Nach der ursprünglichen Planung sollte die Treuhandanstalt gem. § 7 Abs. 1 THG ihre Aufgaben durch Treuhand-Aktiengesellschaften erfüllen. Diese sollten von der Anstalt unverzüglich gegründet werden und Inhaber der Gesellschaftsanteile an den in Kapitalgesellschaften umgewandelten sozialistischen Wirtschaftseinheiten werden. Diese Vorgabe wurde indessen nicht verwirklicht, nachdem erhebliche Mehrkosten prognostiziert wurden.[27] Erst durch das Gesetz zur Beseitigung von Hemmnissen bei der Privatisierung vom 29.03.1991[28] wurde das THG der tatsächlichen Situation angepaßt, in dem die ursprünglich zwingende Regelung des § 7 THG in eine Kann-Vorschrift abgeändert wurde.[29]

d) Gesellschaft zur Privatisierung des Handels

Außerdem wurde am 09.10.1990 die Gesellschaft zur Privatisierung des Handels mit Sitz in Berlin gegründet, deren Gesellschafterin die THA ist. Aufgabe dieser Gesellschaft ist die Privatisierung der ca. 45 000 Handelsbetriebe der ehemals staatlichen Handelsorganisation DDR (HO).

2. Aufgaben der Treuhandanstalt

Wichtigstes Ziel der Tätigkeit der Treuhandanstalt ist es, die Strukturanpassung der Wirtschaft an die Erfordernisse des Marktes zu fördern (§ 2 Abs. 6 Satz 1 THG)

a) Privatisierung, Sanierung, Entflechtung und Stillegung

Bei Erfüllung dieses Ziels hat die Privatisierung der der Treuhandanstalt übertragenen Unternehmen und Grundstücke Priorität.[30] Lange Zeit war zwar in der Öffentlichkeit streitig, welcher der beiden zentralen Aufgaben (Privatisierung und Sanierung) ein Vorrang zukomme und vielfach wurde eine Klarstellung durch den Gesetzgeber gefordert. Einer solchen Klarstellung bedarf es indes nicht. Die Aufgabe der Privatisierung taucht mehrfach und mitunter an exponierter Stelle in den Rechtsgrundlagen für die Tätigkeit der

---

27 vgl. FAZ vom 30.08.1990, S. 13; siehe auch Die Welt, vom 27.08.1990, "Rohwedder hält Untergliederungen in Aktiengesellschaften für entbehrlich";

28 BGBl I 1991, S. 766

29 Mitteilung in DB 1991, S. 484, 486

30 vgl. zu den Aufgaben ausführlich, Bleckmann, Sanierungspflicht

Treuhandanstalt auf.[31] Daraus läßt sich hinreichend deutlich entnehmen, daß der Privatisierungauftrag an erster Stelle steht. Dieser beinhaltet die Abgabe der treuhandeigenen Anteile in privatwirtschaftliche Hände.

Als weitere Aufgabe obliegt der Treuhandanstalt die Sanierung der Treuhandunternehmen. So soll gem. § 2 Abs. 6, S. 1 THG die Strukturanpassung durch Einflußnahme auf die Entwicklung sanierungsfähiger Betriebe und deren Privatisierung gefördert werden. In die gleiche Richtung zielt die Bestimmung des Treuhandgesetzes, die Treuhandanstalt habe die Wettbewerbsfähigkeit möglichst vieler Unternehmen herzustellen und somit Arbeitsplätze zu sichern und neue zu schaffen.[32] Unter dem Sanierungsbegriff sind daher alle Maßnahmen zu verstehen, die erforderlich sind, um die Existenzfähigkeit eines in finanzielle Schwierigkeiten geratenen Unternehmens auf Dauer und unter marktwirtschaftlichen Bedingungen wiederherzustellen. Bei der Entscheidung über die Sanierungsfähigkeit hat sich die Treuhandanstalt an den allgemeinen Kriterien zu orientieren. Die Sanierungsfähigkeit ist gegeben, wenn das Unternehmen auf Dauer nicht Gefahr läuft, überschuldet[33] oder zahlungsunfähig zu sein.
Die Sanierung ist aber wirtschaftlich immer nur als Vorstufe des Primärziels der Privatisierung zu verstehen.

Auch die in § 2 Abs. 6 THG genannte Aufgabe der Entflechtung[34] von Unternehmenstrukturen dient der Erleichterung der Privatisierungsaufgabe. Die sich in der Planwirtschaft der ehemaligen DDR entwickelten "Wirtschaftskolosse" waren durchweg nicht als Einheit zu privatisieren, so daß eine Entflechtung dieser Unternehmensstrukturen notwendig war. Rechtsgrundlage bildet das Gesetz über die Spaltung der von der Treuhandanstalt verwalteten Unternehmen (SpTrUG)[35].

---

31 Vgl. erster SpStr. der Präambel, §§ 1 Abs. 1, S. 1; 1 Abs. 2; 1 Abs. 6, 2 Abs. 1, S. 2; 2 Abs. 6, S. 1 THG; Art.25 Abs. 1 S. 1 EV; § 2, S. 1, § 3 erster und vierter SpStr. Satzung der Treuhandanstalt.

32 Zweiter SpStr. der Präambel des THG; wortgleich: § 2, S. 2 erster Spstr. Satzung der Treuhandanstalt.

33 zum zweistufigen Überschuldungsbegriff siehe K. Schmidt, GesellR, S. 280 ff.

34 durch die Entflechtung entstanden insgesamt 12442 zu privatisierende Unternehmen

35 BGBl I 1991, S. 854

Eine weitere wesentliche Aufgabe ist es, die nichtsanierungsfähigen Unternehmen oder Unternehmensteile stillzulegen und das Vermögen zu verwerten. Das Treuhandgesetz[36] und die Satzung der Treuhandanstalt[37] sprechen zwar nur von der "Verwertung" durch die Treuhandanstalt. Die Stillegung (im Sinne der Schließung) ist damit als logische Voraussetzung mitumfaßt.[38]

b) Weitere Aufgaben aufgrund des Einigungsvertrags und Hemmnisbeseitigungsgesetz

Darüberhinaus wurden der Treuhandanstalt durch den Einigungsvertrag und das Hemmnisbeseitigungsgesetz[39] vom 22.03.1991 weitere Aufgaben auferlegt. Hierauf soll jedoch nicht weiter eingegangen werden, da diese vielfältigen Aufgaben der Treuhandanstalt und der damit verbundenen Probleme den thematische Rahmen der vorliegenden Arbeit sprengen würde.[40]

3. Zukünftige Gestalt der Treuhandanstalt

Das Kabinett hat einen Gesetzentwurf zur Auflösung der Treuhandanstalt von 1995 an gebilligt. Das heutige Vertragsmanagment soll weitgehend von Privatgesellschaften vergeben werden. Die Unternehmen, die bis Ende 1994 noch nicht privatisiert sind, sollen direkt vom Bund übernommen werden. Ebenfalls sollen dann noch bestehende Zahlungsverbindlichkeiten sowie Sanierungshilfen direkt über den Bundeshaushalt finanziert werden.[41]

---

36 § 2 Abs. 1, S. 2 THG

37 § 2, S. 1 Satzung der Treuhandanstalt

38 vgl. ausführlich zu den Aufgaben Wild, in Hommelhoff, Treuhandunternehmen im Umbruch, S. 7 ff.; Hohmeister, BB 1992, S. 285 ff.; Weimar, BB 1990, Beil.40 zu Heft 35/36, S. 10 ff.

39 BGBl I 1991, S. 766

40 siehe zu den Aufgaben der Treuhananstalt im einzelnen, Spoerr, Treuhandanstalt und Treuhandunternehmen

41 siehe FAZ vom 09.12.1993

B. Der Sozialplan des Betriebsverfassungsgesetzes 1972 unter Berücksichtigung der besonderen Situation in den neuen Bundesländern

In den neuen Bundesländern wurde das Betriebsverfassungsgesetz bereits vor dem Einigungsvertrag mit dem Gesetz vom 21. Juni 1990 zur Geltung gebracht. Damit findet auch in den neuen Bundesländern die Sozialplanregelung der §§ 111-113 BetrVG Anwendung.
Den Sozialplänen kommt eine erhebliche Bedeutung zu, will man Betriebsänderungen bei Treuhandunternehmen nicht entsprechend § 112 a Abs. 2 BetrVG von der Sozialplanpflicht ausnehmen, da kaum ein ehemals volkseigener Betrieb zur Überwindung seiner wirtschaftlichen Anpassungskrise ohne Betriebsänderungen auskommen wird.[42] Diese bringen in der Regel für die Unternehmen erhebliche finanzielle Belastungen mit sich.
Die Frage, wann und in welchem Umfang Sozialplanverbindlichkeiten entstehen können, ist daher von besonderer praktischer Bedeutung. Es sollen zunächst die Grundzüge der Sozialplanregelungen dargestellt werden, um anschließend auf die Situation in den neuen Bundesländern einzugehen.

I. Grundzüge der Sozialplanregelungen

1. Voraussetzungen

Gem. § 112 Abs. 1, S. 1 BetrVG ist ein Sozialplan aus Anlaß einer geplanten Betriebsänderung gem. § 111 BetrVG zwischen dem Unternehmer und dem Betriebsrat zu schließen. Für den Fall, daß eine innerbetriebliche Einigung nicht erzielt werden kann, ist ein verbindlicher Spruch der Einigungsstelle herbeizuführen.
Eine Betriebsänderung ist grundsätzlich jede Änderung der betrieblichen Organisation, der Struktur, des Tätigkeitsbereichs, der Arbeitsweise, des Standorts und dgl. Im Vordergrund, insbesondere in Krisenzeiten, steht die Massenentlassung, die bei Vorliegen der in § 112 a BetrVG genannten Größenordnungen als sozialplanpflichtige Betriebsänderung im Sinne des § 111 Nr. 1 BetrVG gilt. Auch bei den Treuhandunternehmen ist dies der bedeutsamste und finanziell belastendste Grund für Sozialplanverbindlichkeiten.
Neben der Betriebsänderung als wichtigste Sozialplanvoraussetzung muß auch ein Betriebsrat existieren. Dieses Erfordernis stellte sich bei Betriebsänderun-

---

42 die damit verbundenen Probleme sind näher ausgeführt bei Adomeit/Eiden/Schack, AuA 1991, S. 5 ff.; Weimar/Alfes, BB 1991 Beilage 9 zu Heft 12, S. 16 ff. und NZA 1991, S. 833; Belling/Müsgen, NZA 1991, Beilage 1, S. 7 ff.

gen kurz nach dem Beitritt teilweise als Problem dar, da nach der Rechtsprechung des BAG[43] die spätere Wahl eines Betriebsrats keine Sozialplanpflicht begründet. Danach kommt es auf sein Bestehen zur Zeit der unternehmerischen Entscheidung über die Betriebsänderung an. Für den Abschluß von Sozialplänen in den neuen Bundesländern bedeutet dies, daß der zuständige Betriebsrat entweder nach dem 31.10. 1990 unter Anwendung des BetrVG oder vor dem 31.10.1990 nach demokratischen Grundsätzen von der Belegschaft in geheimer Wahl gewählt worden sein muß.

2. Zweck des Sozialplans

Wenn und soweit die Voraussetzungen des § 111 BetrVG vorliegen, kann ein Sozialplan aufgestellt werden. Dieser soll die wirtschaftlichen Nachteile ausgleichen oder mildern, die den Arbeitnehmern aufgrund der Betriebsänderung entstehen. Diese sind im wesentlichen die künftig entstehenden Nachteile, wie etwa Kosten der Arbeitsplatzsuche, Umschulung, niedrigere Lohnsätze, Verlust von künftigen Vorteilen bei langer Betriebszugehörigkeit.[44]
Was darüberhinaus als "wirtschaftlicher Nachteil" zu qualifizieren ist, war und ist Gegenstand zahlreicher Kontroversen. Einigkeit besteht an sich nur darüber, daß der Sozialplan keine immateriellen Nachteile ausgleichen soll.[45]
Auch über die konkreten Leistungsansprüche besteht Streit. Teilweise wird angenommen, daß den von einer
Betriebsänderung betroffenen Arbeitnehmern Überbrückungsleistungen oder sonstige Leistungen der Daseinsvorsorge gewährt werden sollen.[46]
Nach anderer Auffassung sollen Sozialplanleistungen Entschädigungscharakter haben und dabei auch eine vergangenheitsorientierte Komponente aufweisen. Danach sind die im Arbeitsleben erworbenen Vorteile auszugleichen.[47]

---

43 ZIP 1982, S. 982 = AP Nr. 15 § 112 BetrVG 1972

44 siehe insbesondere Drukarczyk, RdA 1986, S. 115, 117

45 Wlotzke, BetrVG, § 112 Abs. 2, RdNr. 1 b; Hanau ZfA 1974, S. 89, 101; Däubler/Kittner-Däubler, § 112, 112 a RdNr. 39

46 so Hanau, ZfA 1974. S. 89, 101; Weitnauer, ZfA 1977, S. 111, 114; Beuthien ZfA 1982, S. 181, 193; Dorndorf, Sozialplan, S. 9; daneben wird insbesondere von Reuter, Der Sozialplan, S. 17 ff. eine Steuerungsfunktion angenommen. Danach soll der Unternehmer durch die finanzielle Belastung dazu angehalten werden, sich die Notwendigkeit einer Betriebsänderung genau zu überlegen. Elser, BB 1983, S. 1168

47 Dorndorf, Sozialplan, S. 10; Heinze, NJW 1980, S. 145, 147; Richardi, Sozialplan und Konkurs, S. 17

Der große Senat des BAG hat eine Kompromißformulierung gewählt, wonach der einzelne eine Entschädigung dafür erhält, daß er aufgrund der Betriebsänderung seinen Arbeitsplatz einbüßt; zugleich sei der Sozialplan jedoch auf die Zukunft gerichtet und habe eine Überbrückungs- und Vorsorgefunktion.[48] In den neueren Entscheidungen des BAG wird ganz auf die Entschädigungstheorie verzichtet und nur noch auf die Überbrückungsfunktion abgestellt.[49]

Zusätzlich wird dem Sozialplan häufig eine Lenkungsfunktion zugeordnet.[50] Der Arbeitgeber soll danach durch die finanzielle Belastung seines Unternehmens angehalten werden, Notwendigkeit und Anlaß der Betriebsänderung genau zu prüfen und eine vorausschauende Personalpolitik zu betreiben.[51]

3. Inhalt und Umfang

a) Allgemeine Grundsätze

Betriebsrat und Arbeitgeber sind grundsätzlich frei, den Inhalt des Sozialplans nach ihren Vorstellungen zu gestalten. So können Sie entscheiden, welche Nachteile auszugleichen sind und in welchem Umfang dies geschieht.[52]

Ein Großteil der Sozialpläne beinhaltet Regelungen bzgl. verschiedener Zahlungsverpflichtungen, insbesondere sind hier die Abfindungen bei Entlassungen zu nennen.[53]

Für den Fall eines erzwingbaren Sozialplans durch Spruch der Einigungsstelle gibt § 112 Abs. 5 BetrVG eine allgemeine Ermessensrichtlinie, wonach sowohl die sozialen Belange der betroffenen Arbeitnehmer zu berücksichtigen sind als auch auf die wirtschaftliche Vetretbarkeit des Sozialplanes zu achten ist.[54]

---

48 BAG, AP Nr. 6 zu § 112 BetrVG; BAG, AP Nr. 21 zu § 112 BetrVG

49 BAG, AP Nr. 26 zu § 112 BetrVG; BAG, NZA 1991, S. 11

50 Fabricius, BetrVG, § 11 RdNr. 30; Reuter, RdA 1985, S. 321, 323; ders., S. 17 ff.

51 insbesondere Dorndorf, Sozialplan, S. 18 ff., bezieht die Steuerungsfunktion auf diesen Gedanken, während Reuter zusätzlich die Beachtung der Interessen der Allgemeinheit in den Vordergrund stellt. Danach hat die Steuerung den Zweck, durch Vertäuerung von Btriebsänderungen Belastungen des sozialen Netzes -Arbeitslosenversicherung, Ar beitsvermittlung etc.- möglichst gering zu halten.

52 BAG, AP Nr. 4, 7, 41 zu § 112 BetrVG

53 vgl. Aufzählung bei Hemmer, Sozialplanpraxis in der Bundesrepublik, S. 10 ff.

§ 112 Abs. 5 Nr. 3 BetrVG fordert schließlich, daß der Gesamtbetrag der Sozialplanleistungen den Fortbestand des Unternehmens bzw. die nach Durchführung der Betriebsänderung noch verbleibenden Arbeitsplätze nicht gefährdet werden dürfen.
Bei der Aufstellung eines Sozialplans ist in der Regel zunächst sein Gesamtvolumen[55] zu bestimmen, in dem die Gesamtheit der durch die Betriebsänderung entstehenden Nachteile bei den betroffenen Arbeitnehmern ermittelt wird. Dieser Sozialplanbedarf als Obergrenze ist anschließend auf die wirtschaftliche Vertretbarkeit für das Unternehmen hin zu überprüfen.[56]
Diese beiden Faktoren bestimmen also im wesentlichen die Höhe des einzelnen Anspruchs betroffener Arbeitnehmer.

b) Besonderheiten im Konzern

Besonderheiten können sich dann ergeben, wenn das Arbeitgeberunternehmen zu einer Unternehmensgruppe, insbesondere zu einem Konzern gehört. In diesem Fall stellt sich die Frage, ob die wirtschaftliche Vertretbarkeit von Sozialplanleistungen unternehmens- oder konzernbezogen zu bestimmen ist. Die Rechtsprechung hat sich bisher zur konzernweiten Sozialplandotierung nicht geäußert. In der Literatur wird jedoch überwiegend angenommen, wenn auch mit unterschiedlichen Anforderungen den Konzern und dessen Ausgestaltung betreffend, daß grundsätzlich eine konzernweite Vermögenszurechnung in Betracht kommt.[57] Grund dieser Überlegung ist, daß die Arbeitnehmer bei allen Konzernformen im Vergleich zum Einzelunternehmen einem

---

54 Bei freiwilligen Sozialplänen ist der Spielraum insofern größer, als das er dem Arbeitgeber offensteht, weitergehende Leistungen zu bewilligen, da keine Vorschriften bestehen, die eine weitreichende Belastung des Arbeitgebers verbieten würden.In so einem Fall würde aber ein Unternehmer wohl von sich aus auf die wirtschaftliche Vertretbarkeit achten; vgl. v. Hoyningen-Huene, RdA 1986, S. 102, 103

55 zu den Volumen von Sozialplänen siehe z.B. Gessner/Plett, Der Sozialplan im Konkursunternehmen, S. 76 ff.; Ohl, Der Sozialplan, S. 2; Fritsch, Die Ausgestaltung von Sozialplänen, mit Abdruck von 40 Sozialplänen

56 Problematisch ist hierbei jedoch, daß das Sozialplanvolumen in der Praxis in vielen Fällen gar nicht genau berechnet werden kann, da häufig weder die Anzahl der betroffenen Arbeitnehmer noch die bei ihnen eintretenden Nachteile in der Phase der Sozialplanerstellung detailliert festgelegt werden kann; vgl. dazu v. Hoyningen-Huene, RdA 1986, S. 102, 106

57 Dietz/Richardi, BetrVG, § 112 RdNr. 173; Hanau, ZfA 1974, S. 89, 105; v. Hoyningen-Huene, RdA 86, S. 111; Konzen, RdA 1984, S. 65, 77; Martens, ZGR 1984, S. 416, 433; Windbichler, S. 411 ff.

zusätzlichen Risiko ausgesetzt sind. Das Risiko besteht darin, daß ihr Arbeitgeber das abhängige Unternehmen, je nach Konzernart, einen mehr oder weniger weitreichenden Autonomieverlust erleidet und die Arbeitnehmer damit zusätzlichen Einflüssen auf ihr Arbeitsverhältnis ausgesetzt sind.
Vorweg sei gesagt, daß dieser Auffassung zuzustimmen ist. Doch soll dieser Punkt erst im Zusammenhang mit der Frage, ob die Treuhandanstalt einen Konzern bildet und welche Auswirkungen sich möglicherweise daraus für die Haftung etwaiger Sozialplanansprüche ergeben, behandelt werden.

4. Haftung für Sozialplanansprüche

Der Sozialplan hat die Wirkung einer Betriebsvereinbarung gem. § 112 Abs. 1 S. 3 BetrVG.[58] Er wirkt also unmittelbar und zwingend auf die Arbeitsverhältnisse der belegschaftsangehörigen Arbeitnehmer ein und begründet für den Einzelnen klagbare Ansprüche. Für die Haftung bedeutet dies, daß das Unternehmen, also der Arbeitgeber, Schuldner der Sozialplanverpflichtungen ist. Besonderheiten können sich aber auch hier bei einem konzernangehörigen Unternehmen ergeben.

II. Berücksichtigung der besonderen wirtschaftlichen und rechtlichen Situation in den neuen Bundesländern

Es wurde bereits erwähnt, daß es kaum ein Unternehmen in den neuen Bundesländern gibt, das nicht gezwungen ist, einschneidende Maßnahmen, vor allem im Bereich des Personalabbaus, durchzuführen. Neben dem Personalabbau erfordert die Umstrukturierung der gesamten Wirtschaft jedoch in vielen Fällen auch grundlegende Änderungen der Betriebsorganisation, der Betriebsanlagen oder des Betriebszwecks sowie die Einführung grundlegend neuer Arbeitsmethoden und Fertigungsverfahren. Da in diesen Fällen häufig die Voraussetzungen des § 111 BetrVG erfüllt sind, wird also vielfach mit diesen Maßnahmen eine Sozialplanpflicht ausgelöst, zumal die Vorschriften des Betriebsverfassungsgestzes einschließlich der Sozialplanregelung bereits vor dem Einigungsvertrag durch Gesetz vom 21.06.1990[59] zur Geltung gebracht wurden. Insbesondere ist in diesem Zusammenhang § 613 a BGB erörtert worden, der von zahlreichen Autoren als Investitionshindernis angesehen

---

58 Nach dem BAG, AP Nr. 2, 7 zu § 112 BetrVG 1972 eine Betriebsvereinbarung besonderer Art; vgl. auch Schaub, Arbeitsrechts-Handbuch, § 244 V 2

59 GBl DDR I 1990, Nr. 35, S. 371I

wird. Erwerber würden von der Übernahme eines Betriebes wegen der hohen finanziellen Belastungen aus Sozialplanverbindlichkeiten absehen.[60] Noch die ehemalige DDR hatte mit dem in das Arbeitsgesetzbuch eingefügten § 59 a AGB eine § 613 a BGB gleichlautende Vorschrift etabliert.[61] Der Einigungsvertrag konservierte im Ergebnis diesen Rechtszustand, da das BGB mit Ausnahme der §§ 616 Abs. 2, 3; 622 BGB zunächst uneingeschränkt in Kraft gesetzt wurde.[62]

Im folgenden soll daher auf das Problem Betriebsübergang und Sozialplanpflicht näher eingegangen werden. Dabei ist auch die Frage zu klären, ob möglicherweise § 613 a BGB trotz seiner Geltung in den neuen Bundesländern auf Privatisierungsvorgänge der Treuhandanstalt keine Anwendung findet. Im Anschluß daran soll untersucht werden, ob Unternehmensspaltungen nach dem SpTrUG als Betriebsänderung im Sinne des § 111 BetrVG zu qualifizieren sind.

1. Rechtsgeschäftlicher Betriebsübergang - Betriebsänderung?

Wichtig ist zunächst eine vollständige Begriffsklärung des rechtsgeschäftlichen Betriebsübergangs, um auf diese Weise eine Abgrenzung zu den Umwandlungsvorgängen nach der UmwandlungsVO und dem Treuhandgesetz vornehmen zu können.

a) Allgemeine Voraussetzungen

Ein Betriebsübergang gem. § 613 a BGB liegt vor, wenn ein Betrieb oder Betriebsteil auf einen anderen neuen Rechtsträger kraft Rechtsgeschäft übergeht. Das Rechtsgeschäft, das nach § 613 a BGB der Betriebsübergabe zugrunde liegen muß, ist die einverständliche Übertragung der Leitungsmacht auf den Betriebserwerber.[63] In Übereinstimmung damit hat das Bundesar-

---

60 Adomeit/Eiden/Schack, AuA 1991, S. 5 ff.; Belling/Müsgen, NZA 1991, Beilage 1, S. 7, 9; Weimar/Alfes, BB 1991, Beilage 9 zu Heft 12, S. 16 ff. und NZA 1993, S. 155 ff., darin wird geprüft, welche Möglichkeiten es bei einer Betriebsübernahme gibt, den § 613 a BGB auszuschalten.

61 Gesetz zur Änderung und Ergänzung des Arbeitsgesetzbuchs vom 22.06.1990, GBl DDR I Nr. 35, S. 371

62 s. Art. 230 Abs. 1 EGBGB; Anlage I Kap. VIII Sachgebiet A Abschnitt III Nr. 1 EinigungsV

63 vgl. BAG, Urteil v. 08.11.1988 AP Nr. 6 zu § 1 BetrAVG Betriebsveräußerung

beitsgericht frühzeitig darauf hingewiesen, daß mit dem Begriff des Rechtsgeschäfts lediglich zum Ausdruck gebracht werden soll, daß alle Fälle eines Betriebsübergangs außerhalb der Gesamtrechtsnachfolge erfaßt sind.[64]
Von einer Gesamtrechtsnachfolge spricht man, wenn der Betriebsübergang auf Gesetz beruht, wie z.B. im Erbfalle, bei Verschmelzung von Kapitalgesellschaften gem. der §§ 399 ff. AktG oder bei einer Übertragungsumwandlung etwa gem. § 359 AktG.[65] Charakteristisch für die Gesamtrechtsnachfolge ist, daß sich mit der gesetzlichen Betriebsnachfolge gleichzeitig die Nachfolge in die Arbeitgeberstellung der bestehenden Arbeitsverhältnisse vollzieht.[66] Der neue Rechtsträger tritt kraft Gesetzes in die arbeitgeberseitigen Rechte und Pflichten ein, ohne daß es dafür § 613 a BGB bedarf.
Ein Betriebsübergang nach § 613 a BGB erfordert außerdem, daß der Betrieb auf einen anderen Inhaber übergeht, und zwar dergestalt, daß aus der Sicht der Arbeitnehmer ein Arbeitgeberwechsel erfolgt. Eine Veräußerung der Anteile an einer Kapital- oder Personengesellschaft - seien es auch alle - ist nicht ausreichend. Genausowenig erfüllt der Eintritt eines Gesellschafters in eine solche Gesellschaft das Erfordernis des Inhaberwechsels. In diesen Fällen bleibt der Arbeitgeber und Unternehmensträger als Partei des Arbeitsverhältnisses derselbe, da die Arbeitgeberstellung an das Unternehmen als Rechtsträger gekoppelt ist.[67] Gleiches gilt für eine formwechselnde Umwandlung gem. der §§ 362 ff. AktG. Auch hier bleibt der Rechtsträger als juristische Person identisch, so daß eine Nachfolge in Arbeitgeberstellungen entfällt. Dieser Aspekt hat für die neuen Bundesländer ein ganz besonderes Gewicht. Soweit infolge der Umwandlungsverordnung[68] oder infolge des Treuhandgesetzes[69] volkseigene Betriebe und andere Wirtschaftseinheiten in Kapitalge-

---

64 vgl. BAG, Urteil v. 25.02.1981 AP Nr. 24 zu § 613 a BGB

65 Palandt-Putzo, BGB, § 613 a, RdNr. 13, beziehen auch Umwandlungs- und Verschmelzungsvorgänge in den Anwendungsbereich des § 613 a BGB mit ein; vgl. auch Scholz-Priester, GmbHG, § 25 KapErhG, RdNr. 12, die zwar einen kraft Gesetzes eintretenden Übergang der Arbeitsverhältnisse annehmen, gleichwohl aber § 613 a Abs. 1 und 4 BGB für anwendbar halten.

66 Heinze, Arbeitsrecht der Gegenwart 1991, Band 28, S. 79, 80

67 Richardi, NZA 1991, S. 289, 291; Heinze, Arbeitsrecht der Gegenwart 1992, Band 28, S. 79, 81

68 vgl. GBl DDR I 1990 Nr. 14, S. 107

69 GBl DDR I 1990 Nr. 33, S. 300

sellschaften umgewandelt worden sind[70], liegt ein Betriebsübergang im Sinne des § 613 a BGB mangels Inhaberwechsels nicht vor.
Beteiligt sich jemand nicht als Gesellschafter, sondern erwirbt er das der Gesellschaft gehörende Vermögen, so kann damit ein Betriebsinhaberwechsel verbunden sein. Für diesen Fall gilt § 613 a BGB. Der Tatbestand verlangt, daß ein Betrieb oder Betriebsteil übergeht. Als Betrieb wird allgemein eine organisatorische Einheit verstanden, innerhalb derer der Arbeitgeber allein oder mit seinen Arbeitnehmern mit Hilfe von sächlichen und immateriellen Mitteln bestimmte arbeitstechnische Zwecke verfolgt.[71]
Wesentlich ist also der Übergang als Organisationseinheit, unabhängig davon, ob es sich dabei um den Betrieb oder lediglich ein Betriebsteil handelt.
Als Rechtsgeschäfte, die den Betriebsübergang legitimieren können, kommen etwa Gebrauchsüberlassungsverträge, Veräußerungsverträge, Nießbrauch oder Vermächtnisse in Betracht, solange dem Berechtigten ermöglicht ist, die den Betrieb oder Betriebsteil bildende Arbeitsorganisation in eigenem Namen fortzuführen.[72]
In § 3 der Satzung der Treuhandanstalt kommt zum Ausdruck, daß als Privatisierungsmaßnahme sowohl die Veräußerung der Gesellschaftsanteile als auch des Gesellschaftsvermögens in Betracht kommt.
Die in dem Betrieb bestehenden Arbeitsverhältnisse gehen, wenn der Arbeitnehmer nicht widersprochen hat, auf den Betriebserwerber über. Der Betriebserwerber tritt in die zum Zeitpunkt des Betriebsübergangs bestehenden Rechte und Pflichten des Betriebsveräußerers ein. Zu den Rechten und Pflichten aus dem Arbeitsverhältnis gehören nicht nur die ausdrücklich im Arbeitsvertrag oder in Sonderzusagen niedergelegten Regelungen, sondern auch diejenigen, die auf Betriebsübung oder Gesamtzusagen beruhen.[73]

---

70 diese Umwandlung wurde vom Gesetzgeber als formwechselnde Umwandlung konzipiert; so jetzt die "Klarstellung" des Gesetzgebers, nämlich die Bewertung durch den Rechtsausschuß des Bundestages; vgl. Beschlußempfehlung und Bericht des Rechtsausschusses zum Entwurf des SpTrUG, BT-Drs. 12/254, S. 16; darin wird ausdrücklich formwechselnde Umwandlung genannt.

71 vgl. BAG, AP Nr. 24, 42, 53, 58, 63, 69, 74, 76 zu § 613 a BGB; Joost, Betrieb und Unternehmen als Grundbegriffe im Arbeitsrecht, S. 367 ff., 382 ff., dagegen schlägt vor, den Betriebsbegriff neu zu bestimmen und auf den unternehmerischen Tätigkeitsbereich abzustellen

72 Richardi, NZA 1991, S. 289, vgl. zu der ähnlichen Rechtsprechung des EuGH Lenz/ Mölls, DB 1990, Beilage 15, S. 9

73 vgl. Erman-Hanau, § 613 a BGB, RdNr. 66

b) Einordnung unter Berücksichtigung der Rechtsprechung des BAG

Die obigen Ausführungen haben gezeigt, daß § 613 a BGB im Interesse der Arbeitnehmer einen starken Bestandsschutz von Arbeitsverhältnissen enthält. Dieser Bestandsschutz wird zusätzlich durch das Kündigungsverbot in § 613 a Abs. 4 BGB[74] gesichert. Insoweit hat das BAG zu Recht in ständiger Rechtsprechung angenommen, daß allein der Betriebsübergang keine sozialplanpflichtige Betriebsänderung ist,[75] da auch beim rechtsgeschäftlichen Betriebsübergang den Arbeitnehmern ein Status verbleibe, der an sich die Einordnung des Betriebsübergangs als Betriebsänderung ausschließt. Die Situation ändert sich jedoch in dem Moment, in dem der Betriebsübergang mit Einschränkungen oder Umstrukturierungen begleitet wird. Diese stellen möglicherweise eine Betriebsänderung mit der Pflicht zur Erstellung eines Sozialplans dar. Aber auch bei dieser Konstellation ist zu beachten, daß mit einem derartigen Sozialplan keine Nachteile ausgeglichen werden dürfen, die sich aus dem Betriebsübergang selbst ergeben.[76]

c) Ausschluß der Anwendbarkeit des § 613 a BGB auf Privatisierungen von Treuhandunternehmen

Würde man dagegen in Übereinstimmung mit Adomeit/Eiden/Schack[77] davon ausgehen, daß § 613 a BGB auf die Privatisierungsvorgänge der Treuhandanstalt keine Anwendung finden soll, müßte man konsequenterweise im Gegenzug eine Sozialplanpflicht beim rechtsgeschäftlichen Betriebsübergang bejahen. Bei Wegfall der in § 613 a BGB enthaltenen Pflichten des Erwerbers hätten die betroffenen Arbeitnehmer mit erheblichen finanziellen Nachteilen zu rechnen.

Adomeit/Eiden/Schack bewerten die Privatisierung von Treuhandunternehmen als systemverändernde Übertragungsvorgänge. § 613 a BGB regele dagegen lediglich Inhaberwechsel innerhalb eines privatwirtschaftlichen Systems.

Dieses zunächst für den Ausschluß sprechende Argument der grundlegenden Unterschiede zwischen Staats- und Marktwirtschaft und der schon angesprochenen Größenordnung des Problems ist letztlich aber kein nachhaltiges für den Ausschluß der Anwendbarkeit des § 613 a BGB. Eine derartige Ausle-

---

74 für die neuen BL gilt anstelle des Abs. 4, S. 2 die Vorschrift des Art. 232 § 5 II EGBGB

75 BAG, AP Nr. 6, 8, 19 zu § 111 BetrVG

76 BAG, AP Nr. 8 zu § 111 BetrVG 72; zustimmend Dietz/Richardi, § 111 RdNr. 92; Heinze, NZA 87, S. 41, 44

77 AuA 1991, S. 1, 5

gung widerspräche zum einen dem in den Staatsverträgen ausgedrückten Willen, daß die arbeitsrechtlichen Regelungen auch auf dem Gebiet der ehemaligen DDR Geltung haben sollen, um eine sozialverträgliche Umgestaltung der gesamten Wirtschaft zu ermöglichen.[78] Zum anderen ist mit dem Beitritt der ehemaligen DDR die Marktwirtschaft und das entsprechend geltende Recht auch in den neuen Bundesländern in Kraft gesetzt worden. Unabhängig davon läge zudem in dem Ausschluß des § 613 a BGB ein Verstoß gegen europäisches Recht.[79] § 613 a BGB gilt insoweit auch für die Privatisierungsvorgänge in den neuen Bundesländern.

Damit sind also auch die zahlreichen rechtsgeschäftlichen Betriebsübergänge allein nicht sozialplanpflichtig. Für den Erwerber dagegen ist aufgrund der schwierigen wirtschaftlichen Situation nahezu jede Übernahme eines Treuhandunternehmens mit einer anschließenden Sozialplanpflicht verbunden, da in der Regel ein größerer Personalabbau zur Herstellung der Wettbewerbsfähigkeit erforderlich ist, es sei denn die Treuhandanstalt hat schon im Vorfeld Entlassungen von Arbeitnehmern durchgeführt. Insofern bedeutet die in § 613 a BGB angeordnete Pflicht zur Übernahme der häufig viel zu großen Belegschaft für den Unternehmensübernehmer eine starke finanzielle Belastung. Dabei ist jedoch zu berücksichtigen, daß Sozialplanverpflichtungen sich grundsätzlich über den Kaufpreis regulieren lassen[80] und die Treuhandanstalt bemüht ist, vor dem Betriebsübergang einen Teil der Belegschaft abzubauen. Insofern wird der Sozialplanpflicht im Zusammenhang mit dem Betriebsübergang vielfach eine zu hohe Bedeutung beigemessen.

---

78 so im Ergebnis die h.M., vgl. Richardi, NZA 1991, S. 289; Weimar/Alfes BB 1991, Beilage 9 zu Heft 12, S. 16, 18; Walter, AuA, 1991, S. 357; von Oetker/Busche, NZA 1991, Beilage 1, S. 18, 19 wird die weitere Begründung angeführt, daß die Nichtanwendbarkeit des § 613 a BGB im Gesamtvollstreckungsverfahren bis zum 31.12.1992 zeige, daß § 613 a BGB im übrigen gelten solle.

79 insoweit würde gegen die zwingende Vorgabe der EG-Richtlinie Nr. 77/187 EWG verstoßen

80 hier ist allerdings zu berücksichtigen, daß im Zeitpunkt des Erwerbs oftmals der Personalabbau noch nicht hinreichend beurteilt werden kann und vom Erwerber eine Vielzahl betriebsbedingter Kündigungsverfahren durchzuführen ist

d) Veräußerung im Gesamtvollstreckungsverfahren bei zeitweiser Aussetzung des § 613 a BGB.

In den neuen Bundesländern gilt für das Insolvenzverfahren einheitlich die sogenannte Gesamtvollstreckungsordnung. Sie tritt für das Beitrittsgebiet an die Stelle von Konkursordnung und Vergleichsordnung und trifft eine teilweise abweichende, in den wesentlichen Kerngedanken aber übereinstimmende Regelung.[81] § 613 a BGB ist bis Ende 1994 in diesem Gesamtvollstreckungsverfahren suspendiert.[82] Sinn dieser Regelung ist es, den Personalabbau zu erleichtern, der in vielen Unternehmen bei der Umstellung auf die Bedingungen der Marktwirtschaft erforderlich war und ist.[83] Ein insolventes Unternehmen kann im Gesamtvollstreckungsverfahren zum Zwecke der Sanierung auf einen Erwerber übertragen werden, ohne daß alle Arbeitsverhältnisse mitübernommen werden müssen. Da die Arbeitnehmer aufgrund dieser Suspendierung vor den Nachteilen einer Betriebsveräußerung nicht geschützt sind, wirft sich hier zwangsläufig die Frage auf, ob in diesen Fällen der Betriebsübergang eine sozialplanpflichtige Betriebsänderung ist.
Praktische Bedeutung besitzt diese Frage jedoch nur für den Fall, daß ein Personalabbau nicht die Freigrenze des § 112 a BetrVG überschreitet, da ansonsten die allgemeinen Mitwirkungsrechte des Betriebsrats bei Betriebsänderungen gegeben sind. Von der Systematik des Betriebsverfassungsgesetzes her liegt es jedoch nahe, daß diese betriebsverfassungsrechtlichen Folgen auch dann einzugreifen haben, wenn es darauf ankommt, daß ein Betriebsübergang schon für sich genommen als Betriebsänderung anzusehen ist.[84]

2. Unternehmensspaltung nach dem SpTrUG - Betriebsänderung?

Wesentlich umstrittener ist noch immer die Frage, ob bei der Unternehmensspaltung der Tatbestand einer Betriebsänderung i.S.d. § 111 BetrVG gegeben ist oder nicht. Aufgrund des SpTrUG findet in den neuen Bundesländern eine Vielzahl von Unternehmensspaltungen statt, deren nähere Ausgestaltung im

---

81 Haarmeyer/Wutzke/Förster, GesO, Einl., RdNr. 1 Lübchen/Landfermann, ZIP 1990, S. 829 ff.; Maser/Wittig, DB 1990, S. 3134 ff.

82 vgl. § 16 Abs. 2 SpTrUG; durch dieses Gesetz wurde Art.232 § 5 des Einführungsgesetzes zum BGB entsprechend geändert.

83 siehe Beschlußempfehlung und Bericht des Rechtsauschusses zum SpTrUG, BT-Drucks. 12/254, 12, 16

84 Landfermann, ZIP 91, S. 826, 832; Hanau, in Hommelhoff, Treuhandunternehmen im Umbruch, S. 101, 105

SpTrUG geregelt ist. Auch hier soll zunächst näher auf die Unternehmensspaltung, insbesondere auf das SpTrUG eingegangen werden, um anschließend die Ausgangsfrage beantworten zu können.

a) Zweck des SpTrUG

Das Gesetz über die Spaltung der von der THA verwalteten Unternehmen (SpTrUG)[85] stammt vom 05.04.1991 und ist ein Tag später in Kraft getreten. Aufgrund der häufig völlig überdimensionierten Unternehmenseinheiten gestaltete sich deren Privatisierung durch die Treuhandanstalt als sehr problematisch. Mit Erlaß dieses Gesetzes sollte daher ein Instrument geschaffen werden, mit dem der Treuhandanstalt die ihr gesetzlich obliegende Privatisierungsaufgabe zu erleichtern. Ziel war es, die reale Aufteilung übergroßer Wirtschaftseinheiten schneller erreicht werden kann.[86] Abweichend von dem ansonsten geltenden zivilrechtlichem Grundsatz der Einzelrechtsnachfolge sollte eine Spaltung der Treuhandunternehmen in der Weise ermöglicht werden, daß ein Übergang von Teilen des Vermögens jeweils als Gesamtheit auf dadurch neu gegründete Kapitalgesellschaften stattfindet. Unter diesem Gesichtspunkt hat sich SpTrUG auch bewährt.[87]

b) Formen der Spaltung

Das Spaltungsgesetz kennt zwei Formen der Spaltung: die Aufspaltung und die Abspaltung.[88] Die Aufspaltung führt zur Neugründung von mindestens zwei Kapitalgesellschaften und zur Auflösung ohne Abwicklung der übertragenden Gesellschaft durch gleichzeitige Übertragung ihrer Vermögensteile auf die dadurch neugegründeten Gesellschaften. Bei der Abspaltung besteht die übertragende Gesellschaft fort. Es entsteht durch den Spaltungsvorgang eine neue Gesellschaft.
Die Zuordnung einzelner Vermögensgegenstände geschieht durch den Spaltungsplan.[89] Mit der Eintragung der Spaltung geht das Vermögen entsprechend der im Spaltungsplan getroffenen Aufteilung jeweils als Gesamtheit auf

---

85 BGBl I 1991, S. 854

86 Oetker/Busche, NZA 1991, Beil.1, S. 18; Weimar, DÖV 1991, S. 820

87 siehe ausführlich zur Entflechtung von Treuhandunternehmen Weimar, ZIP 1991, S. 769 ff.

88 § 1 SpTrUG

89 vgl. § 2 SpTrUG

die neue Gesellschaft über. Die Arbeitsverhältnisse werden dabei wie die übrigen Gegenstände des Unternehmens dem oder den aufgrund der Spaltung entstehenden Unternehmen durch den Spaltungsplan zugeordnet. Ob für den Übergang der Arbeitsverhältnisse § 613 a BGB gilt, ist umstritten. Der Gesetzgeber und ihm ein Teil der Literatur folgend gehen von der Anwendbarkeit des § 613 a BGB auf die bestehenden Arbeitsverhältnisse aus.[90] Nach anderer Auffassung liegt kein Betriebsübergang durch Rechtsgeschäft gem. § 613 a BGB vor. Es handele sich vielmehr um einen Fall der Universalsukzession, d.h. die Arbeitsverhältnisse gingen kraft Gesetzes auf dessen neuen Inhaber über.[91]

c) Gefahren der Spaltung

Die sich spaltende Gesellschaft ist im Rahmen des § 2 SpTrUG bei der Zuweisung der Vermögenswerte grundsätzlich frei.[92]
Diese Autonomie trägt hinsichtlich der Verteilung der Aktiva und Passiva die Gefahr in sich, daß eines der Unternehmen auf Kosten eines anderen saniert wird.[93] Für die betroffenen Arbeitnehmer bedeutet dies ein erhöhtes Risiko des Arbeitsplatzverlustes. Ein späterer Sozialplan, der anläßlich einer Betriebsänderung, sei es wegen einer Betriebsstillegung oder wegen erforderlicher Massenentlassungen, aufgestellt wird, fällt dann unter Berücksichtigung des § 112 Abs. 5 BetrVG niedriger aus, als wenn der Sozialplan vor der Unternehmensspaltung aufgestellt worden wäre. Durch eine geringe Kapitalausstattung hat sich insbesondere die Durchsetzbarkeit der Ansprüche verschlechtert bzw. das Insolvenzrisiko erhöht. § 11 SpTrUG sieht zwar vor, daß den Gläubigern für Verbindlichkeiten der übertragenden Gesellschaft die an der Spaltung beteiligten Gesellschaften als Gesamtschuldner haften. Für den hier interessierenden Arbeitnehmerbereich schafft diese Vorschrift jedoch keine nennenswerte Sicherheit, sofern der Sozialplan erst nach der Spaltung

---

90 vgl. BR-DR 71/91, S. 19; Weimar/Alfes, NZA 1991, S. 833, 834 und BB 1991, Beil.9 zu Heft 12, S. 16, 21; Ising-Thiell, DB 1991, S. 2082; Fitting/Auffarth/Kaiser/Heither, BetrVG, § 1, RdNr. 70 ff.

91 vgl. Oetker/Busche, NZA 1991, Beil.1, S. 18, 20; Schaub, AuA 1991, S. 225, 226 ff.; Commandeur, NZA 1991, S. 705, 710 und AuA 1992, S. 169, 171; Worzalla, DtZ 1992, S. 306, 308; Heinze, Arbeitsrecht der Gegenwart 1991, Band 28, S. 79, 82

92 Die Wirksamkeit der Spaltung selbst ist aber an die Zustimmung der Gesellschafter oder Aktionäre der übertragenden Gesellschaft gebunden; siehe § 7 SpTrUG

93 siehe dazu auch Weimar, ZIP 1991, S. 1529, 1532 ff.

vereinbart wird, da lediglich Altgläubiger durch diese Haftung geschützt werden.

d) Spaltung als beteiligungspflichtige Angelegenheit

Angesichts der dargestellten Auswirkungen stellt sich aus der Sicht der Arbeitnehmerschaft die Frage nach der Kompensation. Insofern ist es von Bedeutung, ob die Aufspaltung selbst eine sozialplanpflichtige Betriebsänderung im Sinne des § 111 BetrVG darstellt.[94] Die Auswirkungen für nachfolgende Sozialpläne könnten durch einen für die Spaltung zu erstellenden Sozialplan gemildert oder ausgeglichen werden. Voraussetzung wäre die Einordnung der Spaltung nach dem SpTrUG als Betriebsänderung im Sinne des § 111 BetrVG.

aa) Rechtsprechung des BAG

Schon mehrfach hat das BAG entschieden, daß die "echte" Betriebsaufspaltung keine Betriebsänderung darstellt.[95] Eine echte Betriebsaufspaltung liegt vor, wenn aus einem Unternehmen der gesamte Betrieb ausgegliedert und auf eine sog. Betriebsgesellschaft, in der Regel eine GmbH, übertragen wird. Da die GmbH zumeist eigens zu diesem Zweck gegründet wird, spricht man auch von einer Ausgründung der Betriebsgesellschaft. Zurück bleibt das ursprüngliche Unternehmen, in der Regel eine KG, die das Anlagevermögen behält und sich nunmehr auf die Vermögensverwaltung beschränkt. Die KG verpachtet dann das Anlagevermögen an die Betriebsgesellschaft.[96]
Das BAG wies darauf hin, daß bei dieser Konstellation die bisherige Produktion in unveränderter Form weitergeführt werde. Es ändere sich lediglich der Inhaber dieser organisatorischen Einheit. Aber dieser Inhaberwechsel werde von § 613 a BGB erfaßt und erfülle für sich allein den Tatbestand des § 111 BetrVG nicht. Im alleinigen Entzug der Haftungsmasse liege keine Be-

---

94 vgl. zu den unterschiedlichen Meinungen Simon, ZfA 1987, S. 311, 323; Salje, NZA 1988, S. 449, 452; Heinze, NZA 1987, S. 41, 45

95 BAG, BB 1981, S. 1214; diese Rechtsprechung bestätigend, BAG, BB 1987, S. 1737

96 Brandmüller, Die Betriebsaufspaltung nach Handels- und Steuerrecht, A RdNr 4; Hüper, Der Betrieb im Unternehmenszugriff, S. 184; diese Konstruktion hat aus der Sicht der Gesellschafter neben steuerlichen Gründen vor allem den Vorteil, daß das Vermögen der KG den Gläubigern der GmbH fortan nicht mehr als Haftungsmasse zur Verfügung steht, sofern nicht gesetzliche oder vertragliche Haftungstatbestände vorliegen.

triebsänderung.[97] Trotz der Kritik an dieser Auffassung entspricht sie auch der herrschenden Meinung in der Literatur.[98]

Das BAG[99] hat jedoch ausdrücklich erklärt, daß die Mitbestimmungsrechte des Betriebsrats gem. § 111 BetrVG dann eingreifen, wenn über den mit der Betriebsaufspaltung verbundenden Arbeitgeberwechsel hinaus noch weitergehende Maßnahmen erfolgen, die ihrerseits den Tatbestand einer Betriebsänderung erfüllen. Das kann z.B. bei einer sog. Funktionsaufspaltung der Fall sein, da diese mit einer grundlegenden Änderung der Organisation und des Zwecks des Betriebs i.S.d. § 111 Abs. 1, S. 2, Nr. 4 BetrVG einhergehen kann.[100]

Eine Funktionsaufspaltung liegt vor, wenn etwa die Belegschaft getrennt und auf zwei neue Betriebe aufgeteilt wird oder wenn wesentliche arbeitstechnische Zwecke gar nicht mehr bzw. nicht im alten, sondern in einem neuen Betrieb weiterverfolgt werden. Hier wird die bisher einheitliche Organisation aufgehoben, und an deren Stelle treten zwei neue organisatorisch selbständige Einheiten.

Das BAG betont dabei einschränkend, daß von einer "grundlegenden" Änderung nur dann auszugehen sei, wenn durch die organisatorische Maßnahme ein nicht unerheblicher Teil der Arbeitnehmer betroffen ist.[101] Aber selbst in diesem Fall könne der Entzug der Haftungsmasse nicht durch erzwingbare Sozialplanvereinbarungen ausgeglichen werden.[102]

bb) Anwendung dieser Rechtsprechung auf Spaltungen nach dem SpTrUG

Aufgrund der Intention der Spaltungen nach dem SpTrUG, nämlich die Aufspaltung und Verselbständigung von Betriebsteilen zur Erleichterung der Privatisierung, liegt in der Regel eine Funktionsaufspaltung vor. Mit der Entflechtung von überdimensionierten Großbetrieben sollen regelmäßig keine Betriebs- und Besitzgesellschaften geschaffen werden, sondern Zweck ist die Trennung verschiedener Produktionsbereiche. Damit verbunden ist typischerweise die Aufhebung der ehemals einheitlichen Organisation, die durch meh-

---

97 so auch ausdrücklich LAG Frankfurt, DB 1985, S. 1990

98 vgl. Bork, BB 1989, S. 2181, 2184; Heither, ZIP 1985, S. 513, 515 m.w.N.

99 BAG, EzA Nr. 13 zu § 111 BetrVG

100 Bork, BB 1989, S. 2181, 2184; Heither, ZIP 1985, S. 513, 515; BAG, BB 1987, S. 1737

101 BAG, BB 1987, S. 1737

102 BAG, BB 1987, S. 1737

rere Organisationseinheiten ersetzt wird. Sobald daneben eine Vielzahl von Arbeitnehmern, die in dem ungespaltenen Betrieb beschäftigt waren, von der Organisationsveränderung betroffen sind, ist der Rechtsprechung des BAG entsprechend die Spaltung an sich als sozialplanpflichtige Betriebsänderung zu qualifizieren.[103] Einschränkend muß aber auch hier betont werden, daß ein Entzug der Haftungsmasse mit dem zu erstellenden Sozialplan nicht ausgeglichen werden kann. Die Verringerung des Vermögens stellt keinen Nachteil für die Belegschaft dar, der sich aus der sozialplanpflichtigen Betriebsänderung ergibt.

III. Nichtsozialplanpflichtige Betriebsänderung bei Neugründung

Für die Praxis stellt sich zusätzlich die wichtige Frage, ob und in welchen Fällen die Erzwingbarkeit des Sozialplans gem. § 112 a BetrVG trotz Vorliegens einer Betriebsänderung gleichwohl zu verneinen ist. Denn selbst wenn der Tatbestand des § 111 BetrVG erfüllt ist, scheidet ein erzwingbarer Sozialplan aus, wenn das Unternehmen seit seiner Gründung noch nicht länger als 4 Jahre besteht.[104] In diesem Zusammenhang hat das BAG festgestellt, daß es nach Gesetzeswortlaut und Gesetzessinn auf das Alter des Unternehmens, nicht dagegen auf das Alter des in Frage stehenden Betriebs ankommt.

Bei der Umwandlung ehemals volkseigener Wirtschaftseinheiten in Kapitalgesellschaften entfaltet § 112 a BetrVG jedoch keine Wirkung, da es sich sowohl bei der antragsabhängigen[105] Umwandlung als auch bei der kraft Gesetzes eintretenden Umwandlung[106] lediglich um formwechselnde Umwandlungen[107] handelt. Durch sie blieb der Rechtsträger identisch, so daß keine Neugründung eines Unternehmens i.S.d. § 112 a Abs. 2 S. 1 BetrVG vorliegt. Die umgewandelten Unternehmen müssen sich vielmehr die Zeitdauer des Bestehens des Rechtsträgers insgesamt anrechnen lassen.

Das gleiche gilt für Spaltungen nach dem SpTrUG. Aus § 1 ergibt sich zwar, daß es bei Spaltungsvorgängen zu Neugründungen von Kapitalgesellschaften

---

103 so auch im Ergebnis Engels, DB 1991, S. 966, 967; zu diesem Thema auch Oberhofer, in Hommelhoff, Treuhandunternehmen im Umbruch, S. 128, 129

104 vgl. hierzu ausführlich Willemsen, DB 1990, S. 1405 ff.

105 nach Maßgabe der UmwandlungsVO vom 01.03.1990

106 nach dem THG

107 so Timm, ZIP 1991, S. 413, 416; Heinze, Arbeitsrecht der Gegenwart, Band 28, S. 79, 81; a.A. Weimar, GmbHR 1991, S. 509; anders offenbar auch Roesner/Roitsch, DtZ 199O, S. 38

kommt. Die Privilegierung des § 112 a Abs. 2, S. 1 BetrVG greift dennoch nicht ein, da der Ausschluß des § 112 a Abs. 1 BetrVG nach § 112 a Abs. 2, S. 2 BetrVG nicht für Neugründungen im Zusammenhang mit der rechtlichen Umstrukturierung von Unternehmen und Konzernen gilt.
Soweit ein Betriebsrat in den betroffenen Unternehmen besteht, begründen folglich Betriebsänderungen, die innerhalb der umgewandelten bzw. aufgespaltenen Unternehmen durchgeführt werden, auch eine Sozialplanpflicht. Etwas anderes gilt beispielsweise aber dann, wenn ein neugegründetes Unternehmen Betriebe oder Betriebsteile von einem Ostunternehmen erwirbt[108], da bei dieser Gestaltung insgesamt von einem neugegründeten Unternehmen auszugehen ist.

C. Sozialplanpraxis der Treuhandanstalt

I. Die Sozialplanrichtlinien

Die Treuhandanstalt hat am 13.04.1991 mit dem Deutschen Gewerkschaftsbund (DGB) und der Deutschen Angestelltengewerkschaft (DAG) eine Gemeinsame Erklärung abgegeben, in der vorrangig eine Verbesserung der sozialen Situation der von Entlassung betroffenen Arbeitnehmer in den neuen Bundesländern vorgesehen ist.[109] Zur Umsetzung der in dieser Gemeinsamen Erklärung enthaltenen Grundsätze erarbeitete die Treuhandanstalt u.a. eine Richtlinie zu Sozialplänen und leitete diese an die von ihr betreuten Unternehmen weiter. Diese Richtlinien enthalten detaillierte Regelungen zur Gestaltung von Interessenausgleich und Sozialplan und sollen sowohl dem sozialen Anliegen der betroffenen Menschen Rechnung tragen, als auch Rücksicht auf die Finanzierbarkeit der Sozialpläne nehmen. Dieser zweite Punkt entsprach wohl insbesondere einem Anliegen der Treuhandanstalt, da nach ihrer Auffassung vor allem die unmittelbar nach dem Beitritt aufgestellten Sozialpläne die wirtschaftliche Vertretbarkeit für die Unternehmen nicht hinrei-

---

108 eine andere Meinung vertreten insoweit Adomeit/Eiden/Schack in AuA 1991, S. 5 ff., die die These aufgestellt haben, daß jeder Erwerb von Betrieben oder Betriebsteilen durch Private als Neugründung zu verstehen ist und kommen so zur Anwendbarkeit des § 112 a Abs. 2 BetrVG.

109 vgl.Balz, ZIP 1991, S. 690 f.; DGB, DAG und die Treuhandanstalt stimmen darin überein, daß angesichts der Komplexität der sozialen Probleme in den neuen Bundesländern bei Gestaltung von Interessenausgleich und Sozialplan im Rahmen der §§ 111, 112 BetrVG differenzierte und ausgewogene Lösungen gefunden werden müßten; eingehende Darstellung bei Däubler, AiB S. 179 ff.

chend berücksichtigten. Mittlerweile liegen die Richtlinien für Sozialpläne in überarbeiteter Form in 3. Auflage vor.

1. Umfang der Sozialplanleistungen

Die Richtlinien für Sozialpläne unterscheiden inhaltlich in Sozialpläne, die von den Treuhandunternehmen selbst finanziert werden und in Sozialpläne, die von der Treuhandanstalt finanziert werden. Dies sind die sog. Zweckzuwendungssozialpläne.

a) Grundsätze für die von den Treuhandunternehmen selbst finanzierten Sozialpläne

In der gemeinsamen Erklärung von Treuhandanstalt, Deutschem Gewerkschaftsbund und Deutscher Angestelltengewerkschaft und in den darauf beruhenden Richtlinien der Treuhandanstalt wird es regelmäßig als angemessen betrachtet, wenn sich das Sozialplanvolumen aus der Summe von jeweils vier Monatsbruttoeinkommen errechnet, sofern das Unternehmen zur Erfüllung eines solchen Sozialplanes in der Lage ist. An diesem Dotierungsrahmen hält die Treuhandanstalt bis heute fest. Außerdem behält sich die Treuhandanstalt generell auch bei diesen frei finanzierten Sozialplänen eine Zustimmung vor, die regelmäßig nur dann erteilt wird, wenn die eben genannten Berechnungsfaktoren von den Betriebspartnern eingehalten werden. Übersteigt das Sozialplanvolumen diesen Wert, verweigert die Treuhandanstalt regelmäßig ihre Zustimmung, prüft jedoch, ob ein Ausnahmefall vorliegt. Will das Unternehmen diesen Ausnahmefall geltend machen, muß es darlegen, daß die einsetzbaren eigenen Mittel erwirtschaftet worden sind und in seinem Fall besondere Umstände vorliegen, die es über den Regelfall eines zahlungsfähigen Unternehmens herausheben. Es reicht daher nicht aus, daß die einsetzbaren eigenen Mittel Ausfluß einer zufälligen Zurechnung von Vermögenswerten oder einer fortwirkenden Besserstellung des Betriebes im Rahmen der Planwirtschaft sind.

b) Grundsätze für die von der Treuhandanstalt finanzierten Sozialpläne

Für die Fälle, in denen wegen fehlender Leistungsfähigkeit keine Rechtspflicht zur Dotierung eines Sozialplans besteht, stellt die Treuhandanstalt Mittel in Form von Zweckzuwendungen zur Verfügung. Dies gilt jedoch nur dann, wenn der Sozialplan den vorgegebenen Volumenkriterien entspricht. Bis zum 01.10.1992 war für jeden betroffenen Arbeitnehmer im Regelfall ein Betrag

von DM 5000,- vorgesehen.[110] Für den Zeitraum vom 01.01.1992 bis zum 30.09.1992 konnten die Unternehmen eine erhöhte Zweckzuwendung in Anspruch nehmen, wenn die in der Rahmenvereinbarung festgelegten Bedingungen im Sozialplan genau eingehalten wurden. Dabei war die Erhöhung prozentual gestaffelt und richtete sich nach dem Zeitpunkt der Kündigungserklärung und der Beendigung des Arbeitsverhältnisses. Insoweit ließ sich das Sozialplanvolumen maximal um 30% erhöhen. Diese Verbesserung wurde damit begründet[111], daß in vielen Betrieben 1992 Arbeitnehmer entlassen wurden, die älter und meist auch länger beschäftigt waren als ihre 1991 entlassenen Kollegen. Seit dem 01.10.1992 gilt demgegenüber eine neue Regelung, die andere Berechungsfaktoren zugrundelegt. Danach soll sich das Maximalvolumen der Zweckzuwendungen zwar weiterhin nach der Anzahl der betroffenen Arbeitnehmer richten, der maßgebliche Bemessungsfaktor wurde jedoch differenzierter ausgestaltet. Dieser besteht nun aus einem Basiswert von mindestens DM 5000 und einem Zusatzwert, der sich wiederum aus einem Mindestbetrag und einem Steigerungsbetrag zusammensetzt.[112]
Diese dritte Richtlinie geht zurück auf eine weitere Rahmenvereinbarung zwischen der Treuhandanstalt und Deutschem Gewerkschaftsbund, die am 14.10.1992 getroffen wurde. Sie wurde insofern als notwendig erachtet, da sich wirtschaftliche und soziale Verhältnisse in der Zwischenzeit geändert hatten und diesem Gesichtspunkt bei der Berechnung von Zweckzuwendungen Rechnung getragen werden sollte.

Die Verteilung der Sozialplanvolumina wird dabei nach wie vor ausschließlich den Sozialpartnern überlassen. Der Verteilungsschlüssel aus der gemeinsamen Erklärung braucht für die Sozialplanansprüche der einzelnen Arbeitnehemer nicht angewandt werden.

---

110 ein Betrag von lediglich DM 3 000 wurde für den Fall zugrundegelegt, daß Leistungen im Rahmen von Qualifizierungs- oder Arbeitsbeschaffungsmaßnahmen gewährt wurden; für Arbeitnehmer, die innerhalb einer festgesetzten Frist nach Beendigung des Arbeitsverhältnisses rentenberechtigt waren, wurden DM 2 000 festgesetzt.

111 siehe Vorwort von Föhr und Bayreuther zu den Richtlinien der Treuhandanstalt in der 2. Auflage, Juli 1992

112 siehe zur Berechnung im einzelnen Richtlinien für Sozialpläne der Treuhandanstalt, 3. Auflage Januar 1993; neben dem Basiswert und dem Zusatzwert ist in vielen Fällen noch ein sog. Zuschlag möglich; dieser Zuschlag beruht auf Zusatz-/Rahmenvereinbarungen mit Einzelgewerkschaften, wie z.B. mit der Industriegewerkschaft Chemie Papier Keramik.

c) Sog. Splitting-Modell

Von der Treuhandanstalt wurde zusätzlich ein sog. Splitting-Modell entwickelt. Dieses beinhaltet eine Kombination von selbstfinanziertem Sozialplan und Zweckzuwendungssozialplan.[113]

2. Die sozialplanberechtigten Personen

Die Richtlinien besagen über die Bemessung des von der Treuhand zu finanzierenden Sozialplanteils hinaus auch indirekt etwas über den berechtigten Personenkreis. Am bedeutsamsten ist dabei eine Regelung, nach der Arbeitnehmer, die das Arbeitsverhältnis selbst gekündigt haben, bei den Zweckzuwendungen der Treuhandanstalt nicht berücksichtigt werden sollen, unabhängig vom Anlaß der Kündigung. Dieser Punkt wurde zwar in den neuesten Richtlinien der Treuhandanstalt etwas abgemildert, indem Eigenkündigungen von Arbeitnehmern zumindest dann berücksichtigt werden sollen, wenn diesen zuvor eine Arbeitgeberkündigung zugegangen ist. Aber auch diese etwas differenziertere Ausformulierung steht dann im Widerspruch zur Rechtsprechung des BAG[114], wenn ein Arbeitnehmer selber kündigt, nachdem der Arbeitgeber ihm zuvor mitgeteilt hat, aufgrund der geplanten Betriebsänderung bestehe keine Beschäftigungsmöglichkeit mehr. Das BAG sieht in dem Ausschluß von Sozialplanleistungen bei dieser Konstellation einen Verstoß gegen den in § 75 BetrVG enthaltenen Gleichbehandlungsgrundsatz.

Zwangsläufig stellt sich damit hier die Frage, ob § 75 BetrVG entsprechend auf die Richtlinien der Treuhandanstalt über die Finanzierung betriebsverfassungsrechtlicher Leistungen anzuwenden ist. Meines Erachtens ist diese Frage aus folgenden Erwägungen heraus zu bejahen. Die Treuhandanstalt ist zwar grundsätzlich nicht verpflichtet, für Sozialplanverbindlichkeiten einzustehen, die von Treuhandunternehmen begründet, aber nicht erfüllt werden können. Die Zweckzuwendungen, die sie den Unternehmen im Falle fehlender Leistungsfähigkeit gewährt, dienen jedoch ausschließlich dem Ziel, diese Unternehmen insoweit finanziell zu unterstützen, als Sozialplanabfindungen in dem vorgegebenen Rahmen den betroffenen Arbeitnehmern gewährt werden können. Mit dieser Verpflichtung verbindet die Treuhandanstalt aber die Bedingung, daß der von dem Unternehmen aufgestellte Sozialplan genau den Treu-

---

113 zu den Einzelheiten siehe die Richtlinien der Treuhandanstalt für Sozialpläne, 3.Aufl. Januar 1993

114 BAG, AP Nr. 57 § 102 BetrAVG; zwei weitere Entscheidungen des BAG vom 28.10.1992, NZA 1993, S. 421 ff.

handrichtlinien entspricht. Folglich unterliegen die Unternehmen bei der Aufstellung eines Sozialplans sowohl den gesetzlichen Vorschriften des BetrVG als auch den Richtlinien der Treuhandanstalt. Während das Betriebsverfassungsgesetz die Voraussetzungen einer sozialplanpflichtigen Situation enthält, konkretisieren die Richtlinien Inhalt und Umfang. Dies ist jedoch rechtlich nur so lange möglich, wie die Unternehmen aufgrund der Richtlinien nicht zum Verstoß gegen Grundsätze des BetrVG verpflichtet werden. Insofern sind in die Finanzierung von Sozialplänen auch die Arbeitnehmer, die selbst gekündigt haben, mit einzubeziehen, sofern ansonsten ein Verstoß gegen § 75 BetrVG vorläge. Entgegen der Auffassung der Treuhandanstalt geht aus den Gründen der BAG-Entscheidung vom 15.01.1991[115] eindeutig hervor, daß eine Sozialplanregelung den aus § 75 Abs. 1 S. 1 BetrVG zu entnehmenden Gleichbehandlungsgrundsatz verletzt, soweit lediglich formal zwischen Arbeitgeber- und Arbeitnehmerkündigung unterschieden wird. Für die Frage, ob ein Anspruch besteht ist nicht auf die rechtstechnische Form der Auflösung des Arbeitsverhältnisses abzustellen, sondern auf den materiellen Auflösungsgrund.[116] Bei Verstoß gegen § 75 Abs. 1 S. 1 BetrVG läßt die BAG-Entscheidung daher keinen Spielraum bezüglich der Wirksamkeit einer solchen Sozialplanregelung.[117]

---

115 BAG, AP Nr. 57 zu § 112 BetrVG

116 so jetzt auch für Sozialplanabfindungen bei Aufhebungsvertrag LAG Chemnitz, AuA 1993, S. 249 f.

117 Zweifel hat diesbezüglich Schaub, NZA 1993, S. 673, 678 ff., da ein Arbeitnehmer im allgemeinen sein Arbeitsverhältnis erst dann kündige, wenn er eine andere Stelle bereits gefunden habe. Es sei daher nicht ermessenswidrig, einen so hinreichend abgesicherten Arbeitnehmer von den Sozialplanleistungen auszuschließen. Schaub berücksichtigt dabei jedoch, daß auch in diesem Fall dem Arbeitnehmer Nachteile aus der Beendigung des Arbeitsverhältnisses entstanden sind, da er den beim Arbeitgeber erworbenen Besitzstand verliert. Eine ähnliche Situation liegt außerdem vor beim Abschluß eines Aufhebungsvertrages. Auch in diesem Fall schließt der Arbeitnehmer in der Regel erst dann einen Aufhebungsvertrag, wenn der Arbeitnehmer eine neue Stelle gefunden hat. Trotzdem soll er in diesem Fall nicht von Abfindungen aus dem Sozialplan ausgeschlossen werden. Auch die Argumentation, der Arbeitnehmer könne trotzdem sozialplanberechtigt sein, da der Betriebsrat die Sozialplanmittel selbständig verteilt, überzeugt nicht, da in diesem Fall die Abfindungen der anderen Arbeitnehmer entsprechend verringert werden müßten. Schaub geht in seinen Überlegungen nicht auf die grundsätzliche Problematik ein, ob die Treuhandanstalt in ihren internen Richtlinien, die lediglich die Feststellung des Sozialplanvolumens, nicht aber die Verteilung der Sozialplanmittel enthalten, sich an das im BetrVG enthaltene Gleichheitsbehandlungsgebot halten müssen.

Weiterhin wichtig ist die Frage, wie der sozialplanberechtigte Personenkreis abzugrenzen ist, wenn ein Arbeitnehmer während seines Beschäftigungsverhältnisses zeitweise Arbeitnehmer im Sinne des Betriebsverfassungsrechts und zeitweise leitender Angestellter oder Werksdirektor war. Leitende Angestellte werden von den Leistungen eines Sozialplans nicht erfaßt. Mit ihnen kann der Unternehmer zwar Einzelvereinbarungen in Anlehnung an den Sozialplan abschließen, außerhalb einer derartigen Vereinbarung besteht ein Anspruch seinerseits jedoch nicht. Gerade im Beitrittsgebiet ist es nicht selten vorgekommen, daß ein leitender Mitarbeiter zum einfachen Mitarbeiter herabgestuft wurde bzw. ehemals einfache Arbeitnehmer leitende Positionen einnahmen. Kommt es also darauf an, daß der Arbeitnehmer zum Zeitpunkt der Aufstellung des Sozialplans unter das Betriebsverfassungsgesetz fiel, dann wären leitende Angestellte auch dann ausgeschlossen, wenn sie erst kurz vor der Betriebsänderung zum leitenden Angestellten befördert wurden, vorher aber jahrelang als einfacher Arbeitnehmer im Betrieb tätig waren. Genauso unbefriedigend wäre die umgekehrte Konstellation, in der ein Arbeitnehmer sozialplanberechtigt sein soll, weil er kurz vor der Betriebsänderung vom leitenden zum einfachen Mitarbeiter herabgestuft wurde. Das Arbeitsrecht der DDR hat zwar nicht zwischen leitenden und einfachen Arbeitnehmern unterschieden. Dies kann jedoch nicht für die Anwendung des BetrVG maßgeblich sein. In diesen Fällen ist der Meinung Hanaus[118] zuzustimmen, der für diese Sachverhalte auf die Rechtsprechung zu § 17 BetrAVG abstellt. Danach ist nicht allein auf den Status des Beschäftigten bei der Betriebsänderung abzustellen, sondern der ganze Verlauf des Beschäftigungsverhältnisses zu berücksichtigen.

II. Wirksamkeit überbetrieblicher Regelungen

Erst die rechtliche Einordnung von Gemeinsamer Erklärung der Treuhandanstalt und den Gewerkschaften und den Richtlinien zum Sozialplan kann die Frage beantworten, inwieweit sich die Treuhandanstalt durch diese Vereinbarungen mit dem schon oben erwähnten Inhalt einerseits zur Finanzierung von Sozialplänen durch Zweckzuwendungen verpflichtet hat und andererseits die Betriebspartner bei der Aufstellung von Sozialplänen über § 112 Abs. 5 BetrVG hinaus wirksam gebunden sind.

118 Hanau, in Hommelhoff, Treuhandunternehmen im Umbruch, S. 101, 109 ff.

1. Rechtsnatur der Gemeinsamen Erklärung

Diese Rahmenvereinbarung enthält in IV, insbesondere in den Nr. 1 und 2, Aussagen über die Aufstellung eines Sozialplans. Zum einen wird ein Dotierungsrahmen für den selbstfinanzierten Sozialplan vorgegeben, desweiteren wird dort die Gewährung von Zweckzuwendungen durch die Treuhandanstalt geregelt. Insofern stellt sich als erstes die Frage nach dem Abschluß eines Tarifvertrages, der die Treuhandanstalt unmittelbar und zwingend binden würde, aber lediglich im Verhältnis zu den Vertragspartnern. Möglicherweise kommt aber auch ein schuldrechtlicher Vertrag in Betracht, der zugunsten der Arbeitnehmer geschlossen wurde.

a) Tarifvertrag

Elementare Voraussetzung für den Abschluß eines Tarifvertrages[119] ist das Vorliegen der Tariffähigkeit beider Vertragspartner. Tarifvertragsparteien können Gewerkschaften, einzelne Arbeitgeber bzw. Vereinigungen von Arbeitgebern (§ 2 Abs. 1 TVG) sowie Spitzenorganisationen[120] der Arbeitgeber- und Arbeitnehmerverbände sein. Da die Treuhandanstalt jedoch weder Arbeitgeberfunktionen wahrnimmt noch einen Arbeitgeberverband darstellt, fehlt ihr insoweit die Tariffähigkeit zum Abschluß eines Tarifvertrages. Arbeitgeber sind die Treuhandunternehmen selber, obwohl die Treuhandanstalt alleinige Anteilsinhaberin ist.
In der Literatur ist allerdings umstritten, ob eine Konzernobergesellschaft aufgrund ihrer Stellung als herrschendes Unternehmen in einem Konzern eine Arbeitgeberstellung im Sinne des § 2 TVG innehaben kann.[121] Von der herrschenden Meinung wird diese Überlegung aber zu Recht verneint, da in einem Konzern regelmäßig die Arbeitnehmer Arbeitsverträge nur mit den rechtlich selbständigen Konzernunternehmen haben.[122] Insoweit ist auch unabhängig

119 siehe im einzelnen zu den Voraussetzungen eines Tarifvertrages, Schaub, Arbeitsrechts-Handbuch, § 199

120 Spitzenorganisationen sind Zusammenschlüsse von Gewerkschaften oder Arbeitgeberverbänden auf fachlicher, gemischt-gewerblicher oder territorialer Grundlage; siehe dazu ausführlich Schaub, Arbeitsrechts-Handbuch, § 199

121 bejahend Däubler, Tarifvertragsrecht, S. 85, mit der Begründung, daß die Konzernobergesellschaft auf die Arbeitsverhältnisse derjenigen Arbeitnehmer, die bei der abhängigen Gesellschaft beschäftigt sind, intensiv einwirke; allerdings seien neben der Konzernobergesellschaft auch die jeweiligen eigentlichen Arbeitgeber tariffähig.

122 so Schaub, Arbeitsrechts-Handbuch, § 199; Martens, RdA 1970, S. 173, 174; Wiedemann/Stumpf, TVG, § 2 RdNr. 65

von der Frage, ob die Treuhandanstalt eine Konzernobergesellschaft verkörpert, eine Qualifizierung als Arbeitgeberin nicht möglich.
Genausowenig stellt die Treuhandanstalt einen Arbeitgeberverband dar. Voraussetzung wäre ein freiwilliger Zusammenschluß der jeweiligen Arbeitgeber und eine Vereinigung, die satzungsgemäß die Verbesserung der wirtschaftlichen und sozialen Lage ihrer Mitglieder gegenüber dem sozialen Gegenspieler zur Aufgabe hätte.[123] Von einer Tariffähigkeit[124] der Treuhandanstalt ist daher keine Rede.[125] Insofern stellt sich hier nicht einmal die Frage, ob und inwieweit durch Tarifvertrag Rechte und Pflichten der Sozialplanpartner eingeschränkt werden können.

b) Schuldrechtlicher Vertrag

Zu überlegen wäre, ob die Treuhandanstalt in Form eines schuldrechtlichen Vetrages mit den Spitzenorganisationen der Gewerkschaften zugunsten der Arbeitnehmer, deren Beschäftigungsunternehmen einen Sozialplan nicht aus eigenen Mitteln finanzieren können, Sozialplanverpflichtungen übernommen hat. In der Gemeinsamen Erklärung sichert die Treuhandanstalt für diese Fälle sog. Zweckzuwendungen zu. Der Sozialplan an sich wird aber auch hier von dem eigentlichen Arbeitgeberunternehmen und dem Betriebsrat aufgestellt, so daß dem Arbeitnehmer nach wie vor das Unternehmen als Schuldner von Sozialplanverbindlichkeiten verbleibt. Die Treuhand stellt nur sicher, daß trotz fehlender Mittel eine Finanzierung der Abfindungen ermöglicht wird. Hieraus kann allenfalls auf eine Selbstbindung der Treuhandanstalt geschlossen werden, nicht aber auf eine Verpflichtungserklärung gegenüber den Gewerkschaften zugunsten der Arbeitnehmer. Insoweit ist die Erklärung auch im Rechtssinne lediglich eine Erklärung, in der die Einschätzung der politischen Lage zum Ausdruck gebracht wird und die gemeinsamen Zielvorstellungen dargestellt werden. Klagbare Ansprüche zugunsten der Arbeitnehmer wurden nicht formuliert.

---

123 Wiedemann/Stumpf, TVG, § 2 RdNr. 94 ff.

124 laut eigener Satzung hat auch der Deutsche Gewerkschaftsbund keine Tariffähigkeit

125 Schaub macht zusätzlich in NZA 1993, S. 673, 675, geltend, daß der Gemeinsamen Erklärung auch eine § 1 TVG entsprechende Regelung fehlt. Gem. § 1 TVG regelt ein Tarifvertrag die Rechte und Pflichten der Tarifvertragsparteien und enthält Rechtsnormen, die den Inhalt, den Abschluß und die Beendigung von Arbeitsverhältnissen sowie betriebliche und betriebsverfassungsrechtliche Fragen ordnen können. Die gemeinsame Erklärung vermeidet jedoch jegliche Verpflichtungserklärungen, auch in ihrer Formulierung zur Finanzierung von Zweckzuwendungssozialplänen.

2. Rechtsnatur der Richtlinien der Treuhandanstalt für Sozialpläne

Auch die Richtlinien der Treuhandanstalt haben weder den Charakter eines Tarifvertrages noch den einer sonstigen Rechtsnorm.[126] Bedeutsam ist dies insbesondere im Zusammenhang mit der Dotierungsvorgabe und der Zustimmungspflicht bei den selbst finanzierten Sozialplänen. Insoweit handelt es sich hierbei um Weisungen, die keine wirksame Bindung der Sozialplanpartner begründen vermögen. Gesellschaftsrechtlich mag es zulässig sein, daß die Treuhandanstalt als Gesellschafterin die an ihre Weisungen gebundenen GmbH-Geschäftsführer gem. § 37 GmbHG auf bestimmte Sozialplanvorstellungen festlegt. Mit dem Betriebsverfassungsgesetz sind diese jedoch nicht zu vereinbaren. Da es sich bei den §§ 111, 112, 112 a BetrVG um zwingende Normen handelt, sind dagegen widersprechende Weisungen nichtig. Selbst wenn eine gesellschaftsrechtlich wirksame Einschränkung der Handlungsbefugnisse der GmbH-Geschäftsführer vorläge, kann dadurch lediglich ein einvernehmlicher Sozialplanabschluß verhindert werden. Die Einigungsstellen sind aber nicht an derartige Richtlinien gebunden, sondern sind nur § 112 a Abs. 5 BetrVG unterworfen, nach dem sie sowohl die sozialen Belange der betroffenen Arbeitnehmer zu berücksichtigen haben als auch die wirtschaftliche Vertretbarkeit ihrer Entscheidung für das Unternehmen beachten müssen.

Bei einer Privatisierung von mehr als 8000 Betrieben besteht zwar sicherlich ein Bedürfnis nach einer pauschalierten Regelung, zumal die wirtschaftliche Situation der einzelnen Treuhandunternehmen nach der Umwandlung mehr vom Zufall als von wirtschaftlichem Leistungsvermögen abhängt. Insofern wird man der Gemeinsamen Erklärung bzw. den Richtlinien der Treuhandanstalt eine "Richtlinienfunktion" für Inhalt und Abschluß von Sozialplänen zugestehen können. Nur so sind auch ungerechte Zufälligkeiten des Vermögensstatus der Gesellschaften nach der Umwandlung zu vermeiden.

---

126 siehe dazu auch Schaub, NZA 1993, S. 673, 677; Weimar, ZIP 1991, S. 1529, 1530

Kapitel 2
Konzernrechtliche Haftungsrisiken der Treuhandanstalt für Sozialplanansprüche

Zur Zahlung der Verbindlichkeiten aus den Sozialplänen sind zunächst die Unternehmen verpflichtet. Den Gläubigern einer Aktiengesellschaft oder einer GmbH haftet grundsätzlich nicht das Vermögen des Gesellschafters, sondern nur das der Gesellschaft. Für die GmbH ergibt sich dies aus § 13 Abs. 2 GmbHG. Ist aber das einzelne Unternehmen, das als Sozialplanpartner in Betracht kommt, nicht in der Lage, einen Sozialplan zu erfüllen, dann stellt sich naturgemäß die Frage, ob vielleicht Rückgriffsansprüche - in welcher Form auch immer - gegen die Gesellschafter bestehen. Da in den neuen Bundesländern eine Vielzahl der umgewandelten Unternehmen aufgrund ihrer maroden Situation die Ansprüche der Arbeitnehmer nicht befriedigen können, stellt sich diese Haftungsfrage besonders dringlich.[127] Daher soll im folgenden untersucht werden, unter welchen Voraussetzungen die Treuhandanstalt eine konzernrechtliche Haftung und Verlustausgleichspflicht treffen kann. In diesem Zusammenhang stellt sich außerdem die schon früher angerissene Frage, welche Bezugsgrößen und Gesichtspunkte für die wirtschaftliche Vertretbarkeit der Sozialpläne zu gelten haben, falls eine Haftung der Treuhandanstalt selber in Betracht kommt.
Da die Mehrzahl der umgewandelten Betriebe die Form einer GmbH erhielten, sollen die folgenden Untersuchungen auch lediglich für den in der Praxis relevanten GmbH-Bereich erfolgen.

A. Einführung

Die Frage zur Konzerneigenschaft und vor allem zur Konzernhaftung sind ein im Schrifttum heftig umstrittenes Thema, dem allerdings durch die Neuregelung des § 28 a EGAktG[128] einiges an Brisanz genommen wurde. Die in § 28 a EGAktG enthaltene Neuregelung beinhaltet, daß die Vorschriften des Akti-

---

127 Die Haftung der Treuhandanstalt und ihrer Organe ist in den vergangenen 3 Jahren Gegenstand vielfältiger und eingehender Untersuchungen gewesen. Zahlreiche Literaturhinweise zur Haftungsfrage finden sich bei Timm/Schöne, ZIP 1992, S. 969, dort insbesondere in Fußnote 1.

128 vgl. Art. 11 § 5 des 2. VermRÄndG; BGBl I 1992, S. 1257, 1283 f.

engesetzes über herrschende Unternehmen auf die Treuhandanstalt nicht anzuwenden sind. Nach der Überleitungsvorschrift des Art. 14 Abs. 4 des 2. Vermögensrechtsänderungsgesetz (VermRÄndG) soll § 28 a EGAktG auch auf die Verfahren anwendbar sein, die bereits vor dem Inkrafttreten des 2. VermRÄndG begonnen haben, aber noch nicht rechtskräftig entschieden sind.[129] Mit der Einführung dieser Vorschrift wurde zwar die rechtspolitische Diskussion über die Zweckmäßigkeit einer Haftungsprivilegierung der Treuhandanstalt beendet. Zweifel bestehen jedoch weiterhin an der Verfassungsmäßigkeit dieser Vorschrift, insbesondere was das rechtsstaatliche Rückwirkungsverbot anbelangt. Um feststellen zu können, inwiefern § 28 a EGAktG Bedeutung für die konzernrechtlichen Haftungsrisiken der Treuhandanstalt hat, - dies beinhaltet vor allem die Frage, ob die Neuregelung tatsächlich nur eine klarstellende Funktion besitzt oder eine überaus problematische Haftungsprivilegierung der öffentlichen Hand darstellt - ist die Rechtslage vor Inkrafttreten der Norm am 22.07.1992 zu klären.

B. Die Treuhandanstalt an der Spitze eines Konzerns?

Im Bereich der konzernrechtlichen Haftung wird auf das nicht kodifizierte GmbH-Recht einzugehen sein. Dabei spielen die von der Rechtsprechung[130] und Literatur entwickelten analogen Anwendungen aktienrechtlicher Vorschriften (§§ 302, 303) eine bedeutende Rolle. Grundsätzlich kann man davon ausgehen, daß auch im GmbH-Konzern die aktienrechtlichen Vorschriften über die verbundenen Unternehmen auf gleichgelagerte Problematiken anzuwenden sind.

I. Generelle konzernrechtliche Haftungstatbestände

Mit dem Staatsvertrag vom 18.05.1990[131] verpflichtete sich die damalige DDR zur Inkraftsetzung des AktG und des GmbHG in der in der Bundesrepublik geltenden Fassung. Die Inkraftsetzung erfolgte im Rahmen der Wirt-

---

129 Die Sonderstellung der Treuhandanstalt wurde vom Gesetzgeber mit der Zuweisung besonderer gesetzlicher Aufgaben begründet, deren Erfüllung sich von der Betätigung eines Unternehmens grundlegend unterscheide, siehe BT-Drs. 12/2480

130 Grundlegend BGHZ 95, S. 330 ff. = NJW 1986, S. 188 ff. (Autokran-Entscheidung)

131 Vertrag über die Schaffung einer Währungs-, Wirtschafts- und Sozialunion vom 18.05.1990 (GBl DDR II 1990, S. 537); abgedruckt in ZIP 1990, S. 743, 810

schaftsunion gem. §§ 18, 19 des Gesetzes über die Inkraftsetzung von Rechtsvorschriften der Bundesrepublik Deutschland in der DDR zum 01.07.1990[132], zeitgleich mit dem Inkrafttreten des Treuhandgesetzes.

1. Die Verlust- und Nachteilsausgleichsansprüche der §§ 302, 311, 317 AktG

Die Vorschriften des Aktienrechts und deren entsprechende Anwendung im GmbH-Konzernrecht bieten zwar primär keine direkte Zugriffsmöglichkeit der Gläubiger auf das Vermögen der herrschenden Gesellschaft. Bei einem schädigenden Verhalten des herrschenden Unternehmens kann die abhängige Gesellschaft aber einen Ausgleichsanspruch haben. Ebenfalls kann die abhängige Gesellschaft gegen das herrschende Unternehmen einen Anspruch auf Ausgleich bei Vorliegen eines Jahresfehlbetrags haben. Dadurch ergibt sich zumindest die Möglichkeit einer häufig nicht unwesentlichen Haftungsverbreiterung. Außerdem ergibt sich in solcher Situation die Möglichkeit der Vollstreckung der Gläubiger in diesen Anspruch nach den Vorschriften der §§ 828 ff.ZPO.[133]

a) Der Nachteilsausgleichsanspruch der §§ 311, 317 AktG analog bzw. wegen Treuepflichtverletzung

§ 317 Abs. 1 AktG gewährt einer abhängigen Gesellschaft einen Anspruch auf Schadensersatz gegen das herrschende Unternehmen, wenn letzteres die abhängige Gesellschaft durch einen Einzeleingriff zur Vornahme eines für sie nachteiligen Rechtsgeschäfts oder einer sonstigen nachteiligen Maßnahme veranlaßt. Diese Regelung gilt zunächst nur für den einfach faktischen Aktienkonzern[134] und ist nach fast einhelliger Meinung nicht auf die abhängige GmbH anwendbar.[135] Daß die Vorschriften der §§ 311-317 AktG zur Verwirklichung des Gläubigerschutzes hier nicht herangezogen werden, beruht auf den Strukturunterschieden der beiden Gesellschaftsformen. Rechtlicher Anknüpfungspunkt beim faktischen GmbH-Konzern ist die gesellschafterliche

---

132 Gesetz vom 21.06.1990 -InkrG- (GBl DDR I 1990, S. 357)

133 vgl. Baumbach/Hueck-Zöllner, Anh. KonzernR, RdNr. 33 f.; Blank/Blanke/Klebe u.a., S. 295

134 Henn, Handbuch des Aktienrechts, S. 108

135 BGHZ 95, S. 330, 340; Hommelhoff, Konzernleitungspflicht, S. 252; Lutter, ZIP 1985, S. 1425, 1428; Ulmer, NJW 1986, S. 1579 ff.; Wiedemann, ZGR 1986, S. 656, 669

Treuepflicht.[136] Diese beinhaltet, daß die herrschende Gesellschaft bei jeder Einflußnahme auf die abhängige Gesellschaft umfassend auf deren Interessen Rücksicht zu nehmen hat. Tut sie dies nicht, macht sie sich ebenfalls schadensersatzpflichtig.[137]
Bei Vorliegen eines solchen Schadensersatzanspruchs könnte auch eine Anwendung der §§ 317 Abs. 4, 309 Abs. 4 AktG die Möglichkeit eröffnen, direkt Ansprüche durch die Gläubiger gegen das herrschende Unternehmen zu begründen.[138]

b) Der Ausgleichsanspruch nach § 302 AktG analog

Der Ausgleichsanspruch des § 302 AktG kommt seinem Wortlaut nach nur zur Anwendung, soweit ein Vertragskonzern, d.h. ein Beherrschungs- oder Gewinnabführungsvertrag vorliegt.
Der Bundesgerichtshof erkennt jedoch spätestens seit den Urteilen "Tiefbau"[139] und "Video"[140] eine Verlustausgleichspflicht im qualifizierten faktischen GmbH-Konzern an. Zur Begründung einer analogen Anwendung wird auf die Vergleichbarkeit der Situation der abhängigen Gesellschaft im Vertragskonzern und im qualifizierten faktischen Konzern hingewiesen.[141] Bei der abhängigen GmbH lasse sich in gleichem Maße eine Beherrschungsintensität

---

136 Fleck, WM 1986, S. 1205, 1212; Fischer/Lutter/Hommelhoff, Anh. § 13, RdNr. 12; teilweise wird auch die Meinung vertreten, daß Grundlage der Haftung nicht der Gedanke der Treuepflicht ist, sondern die entsprechende Anwendung des § 43 GmbHG. Mit ihrer Weisung habe sich die Gesellschafterversammlung an die Stelle des Geschäftsführers gesetzt und müsse daher wie dieser haften; so zumindest Schulze-Osterloh, ZGR 1983, S. 158 ff.; Wilhelm, Rechtsform und Haftung bei der juristischen Person, S. 285 ff.; dieser Ansatz verkennt jedoch, daß die Gesellschafterversammlung gerade befugt ist, den Geschäftsführern Weisungen zu erteilen, siehe zutreffend Ulmer, ZHR 148(1984) S. 391, 416

137 siehe dazu ausführlich Deilmann, S. 148; in der ITT-Entscheidung (BGHZ 65, S. 15, 21.) hat der BGH einen Schadensersatzanspruch aus Treuepflichtverletzung auch für die Rechtsprechung anerkannt und seine bisherige Haftungsgrundlage § 826 BGB als zu eng verworfen.

138 BGHZ 95, S. 330, 340; Fischer/Lutter/Hommelhoff, Anh. § 13 RdNr. 15; a.A. MünchKomm-Reuter, vor § 21 RdNr. 44; Baumbach/Hueck-Zöllner, Anh. KonzernR, RdNr. 34 m.w.N.

139 BGHZ 107, S. 7 ff. = NJW 1989, S. 1800 ff.

140 BGHZ 115, S. 187 ff. = NJW 1991. S. 3142 ff.

141 siehe dazu auch Ulmer, NJW 1986, S. 1579, 1583; Assmann, JZ 1986, S. 881, 928, 936

herstellen, wie sie bei der Aktiengesellschaft nur durch den Abschluß eines Beherrschungsvertrages herbeigeführt werden kann. Im Ergebnis ist es unumstritten, daß die Verlustausgleichspflicht die Verluste während der Dauer der qualifizierten Abhängigkeit umfaßt[142]. Seit dem "Video"-Urteil bejaht die Rechtsprechung eine Verlustausgleichspflicht auch im Falle einer Einmann-GmbH.[143]

2. Die Ausfallhaftung nach § 303 AktG analog

Auch die Ausfallhaftung im qualifizierten faktischen GmbH-Konzern beruht auf der Übernahme des Regelungskonzeptes, das für den aktienrechtlichen Vertragskonzern gilt, und wurde von der Rechtsprechung in Analogie zu § 303 AktG entwickelt.[144]

Seinem Wortlaut nach eröffnet § 303 AktG den Gläubigern nur einen Anspruch auf Sicherheitsleistung für bereits bestehende Forderungen. Der BGH nimmt jedoch seit dem "Autokran"-Urteil an, daß § 303 AktG den Gesellschaftsgläubigern einen unmittelbaren Zahlungsanspruch gegen das herrschende Unternehmen gewährt[145], wenn die abhängige Gesellschaft - weil vermögenslos - selbst nicht mehr erfüllen kann. Dann habe es keinen Sinn, zunächst Sicherheiten zu gewähren.[146]

Nicht unstreitig ist dabei, wie weit der Anwendungsbereich der Ausfallhaftung zu ziehen ist. Hierbei stellt sich insbesondere die Frage, ob eine Ausfallhaftung auch dann geltend gemacht werden kann, wenn die abhängige Gesellschaft rechtlich und faktisch existiert, der Gläubiger in der Zwangsvollstreckung aber ausfällt.[147]

In diesem Zusammenhang stellt sich die weitere Frage, ob die Gläubiger das herrschende Unternehmen auch dann unmittelbar in Anspruch nehmen dürfen, wenn sie möglicherweise Befriedigung auf dem Umwege der Pfändung

---

142 BGH, NJW 1989, S. 1800, 1802; K. Schmidt, in Hommelhoff, Der qualifizierte faktische GmbH-Konzern, S. 109, 130

143 BGHZ 115, S. 187 ff. = NJW 1991, S. 3142

144 ausführlich zur Ausfallhaftung Joost, in Hommelhoff, Der qualifizierte faktische GmbH-Konzern, S. 133 ff.; Fischer/Lutter/Hommelhoff, Anh. § 13 RdNr. 17

145 BGHZ 95, S. 330, 340; LAG Frankfurt NZA 1989, S. 107, 108

146 kritisch dazu, K. Schmidt, BB 1985, S. 2074; Rehbinder, AG 1986, S. 85, 97

147 so Joost, in Hommelhoff, Der qualifizierte faktische GmbH-Konzern, S. 148; wohl auch Lutter ZIP 1985, S. 1425, 1432; anders Stimpel ZGR 1986, Sonderheft Nr. 6, S. 50; vgl. auch Vonnemann DB 1990, S. 2509 ff.

eines Verlustausgleichsanspruchs der GmbH gegen das herrschende Unternehmen erlangen könnten.[148]

II. Treuhandanstalt - herrschendes Unternehmen eines Konzerns?

Die Inanspruchnahme der Treuhandanstalt aufgrund der genannten konzernrechtlichen Haftungsvorschriften setzt zunächst die Feststellung eines Konzernverhältnisses zwischen Treuhandanstalt und Treuhandunternehmen voraus.

1. Treuhandunternehmensverbund und Konzern

Das Vorliegen eines Konzerns beurteilt sich auch bei den sog. GmbH-Konzernen nach den aktienrechtlichen Vorschriften, da die Regelungen der §§ 15 ff. AktG allgemeine, nicht auf den AG-Konzern beschränkte, rechtsformunabhängige konzernrechtliche Bestimmungen enthält.[149] Der Konzernbegriff ergibt sich aus § 18 AktG.
Vor Beantwortung der Frage, ob die Treuhandanstalt die einzelnen Voraussetzungen eines herrschenden Unternehmens im konzernrechtlichen Sinne erfüllt, ist zu klären, ob das Konzernrecht möglicherweise durch das öffentliche Recht verdrängt wird.

a) Konzernrecht und öffentliche Hand

Die Frage, ob die Beziehungen zur Treuhandanstalt zu ihren Unternehmen überhaupt dem Konzernrecht unterworfen sind, ist bisher weit weniger diskutiert worden als die Überlegung, ob die Treuhandanstalt mit ihren Kapitalgesellschaften einen qualifizierten faktischen Konzern bildet.[150] Von Anfang an konzentrierte sich die Debatte auf die erstgenannte Fragestellung. Aber auch die Anwendbarkeit der §§ 15 ff. AktG bedarf einer näheren Begründung, da

---

148 vgl. einerseits BGHZ 95, S. 330, 346; andererseits Fleck, WM 1986, S. 1205, 1212; KöKo-Koppensteiner, § 303 RdNr. 15

149 Ulmer, ZHR 148 (1984), S. 391, 409; Weimar, ZIP 1988, S. 1525, 1526; Kübler, GesellR, S. 383

150 zum Begriff des qualifizierten faktischen Konzerns: BGHZ 95, S. 330, 344 (Autokran); BGHZ 107, S. 7, 17 (Tiefbau); BGH ZIP 1991, S. 1354, 1356 (Video); und nun klarstellend BGH NJW 1993, S. 1200 (TBB)

in diesem Zusammenhang auf das Spannungsverhältnis zwischen öffentlichem Recht und Konzernrecht einzugehen ist.

Nach ganz herrschender Ansicht ist das Konzernrecht auch auf die öffentliche Hand als Gesellschafterin anwendbar.[151] Bedient sich der Staat oder seine Untergliederungen des privaten Rechts, so müssen als Korrelat der Gestaltungsmöglichkeiten auch die besonderen Pflichten hingenommen werden.[152] Dennoch wird insbesondere von Schuppert[153] und Uhlenbrock[154] ein Ausschluß konzernrechtlicher Grundsätze wegen des besonderen öffentlichen Auftrags der Treuhandanstalt durch das öffentliche Recht vertreten. Das Treuhandgesetz und der Einigungsvertrag haben die Treuhandanstalt mit einer öffentlichen Aufgabe im öffentlichen Interesse betraut. In § 2 Abs. 6 THG komme dies besonders zum Ausdruck, bestimmt, daß die Treuhandanstalt die Strukturanpassung der Wirtschaft an die Erfordernisse des Marktes zu fördern habe, indem sie auf die Entwicklung sanierungsfähiger Betriebe zu wettbewerbsfähigen Unternehmen und deren Privatisierung Einfluß nimmt. Sie soll darauf hinwirken, daß sich durch zweckmäßige Entflechtung von Unternehmensstrukturen marktfähige Unternehmen herausbilden und eine effiziente Wirtschaftsstruktur entsteht.[155] Schuppert leitet daraus ab, daß die Einflußnahme auf die Treuhandunternehmen und die damit verbundene Gefahr der unternehmerischen Fremdbestimmung, welche das Konzernrecht gerade verhindern möchte, hier dagegen gewollt sei. Insofern lasse sich der gesetzliche Auftrag der Treuhandanstalt nicht mit den Grundsätzen des Konzernrechts vereinbaren,[156] zumindest soweit diese Regelungen der Realisierung des

151 Püttner, Die öffentlichen Unternehmen, S. 276, 282; Adler/Düring/Schmaltz, § 15 RdNr. 17

152 So auch Püttner, S. 276: Der Staat darf die Instrumente des Privatrechts verwenden, aber nicht umwenden.

153 ZGR 1992, S. 454, 468 ff.

154 BB 1992, S. 789 ff.

155 Zur Einordnung der Handlungsformen der THA: Weimar, DÖV 1991, S. 813 ff.

156 ZGR 1991, S. 454, 470

Treuhandauftrags entgegenstehen sollten. In dem Fall werde das Konzernrecht von den öffentlichen Regelungen überlagert bzw. verdrängt.[157]
Neben diesen Bedenken wird oftmals auch die historisch einmalige und gigantische Aufgabe, die von der Treuhandanstalt zu erfüllen ist, geltend gemacht. Aufgaben und Kompetenzen der Treuhandanstalt könnten daher nicht allein mit der "Normal-Elle" von gesellschafts- und konzernrechtlichen Regelungen gemessen werden.[158] Die Treuhandanstalt selbst geht sogar so weit, daß sie die These eines "Treuhand-Sonderrechts" vertritt und begründet diese ebenfalls mit der Einmaligkeit der zu bewältigenden Aufgabe.[159]
Dem Treuhandgesetz selber fehlt jedoch eine spezifische konzernrechtsverdrängende Regelung, so daß von einem Vorrang des öffentlichen Rechts oder etwa von einem Sonderrecht nicht ausgegangen werden kann.
Zwar enthält das Treuhandgesetz Durchbrechungen des Gesellschaftsrechts. Eine derartige Durchbrechung beinhaltet z.B. § 16 THG, wonach an die Stelle der Haftung von Leitungsorganen der Gesellschaft eine befreiende Schuldübernahme der Treuhandanstalt für Verbindlichkeiten der Leitungsorgane tritt. Durchbrechungen des Gesellschaftsrechts in bezug auf die Rechtsbeziehungen zwischen der Treuhandanstalt als Gesellschafterin und ihren Beteiligungsunternehmen sind dagegen treuhandgesetzlich nicht normiert. Die §§ 11 ff. THG nehmen ausdrücklich Bezug auf das private Gesellschaftsrecht. Darin liegt auch eine Entscheidung des Gesetzgebers dahingehend, daß die Treuhandanstalt in ihrem Verhältnis zu ihren Unternehmen privatrechtlich -in den Formen des Kapitalgesellschaftsrechts- handelt, und hat sie trotz der Einmaligkeit ihrer Aufgaben aus der haftungsrechtlichen Verantwortung für die einzelnen dem "Verbund" angehörenden Gesellschaften und deren Gläubiger nicht entlassen.
Daher ist zur Lösung von entsprechenden Konflikten zwischen der Treuhandanstalt, den Beteiligungsgesellschaften und den Gesellschaftsgläubigern richtigerweise das private Gesellschaftsrecht heranzuziehen.[160] Insbesondere unter

---

157 so im wesentlichen auch Horn, in: Das Zivil- und Wirtschaftsrecht im neuen Bundesgebiet, S. 331, der zwar einen konzernrechtlichen Zusammenhang zwischen Treuhandanstalt und Treuhandunternehmen bejaht, aber die Bestimmungen des AktG hinter den vorrangigen öffentlich-rechtlichen Aufgaben zurücktreten läßt, soweit sie mit ihnen in Konflikt geraten können; so auch andeutungsweise Ulmer, in Hommelhoff, Treuhandunternehmen im Umbruch, S. 39, 41

158 Uhlenbrock, BB 1992, S. 789

159 Balz, ZIP 1992, S. 446; siehe dazu auch die kritische Stellungnahme von Timm/Schöne, ZIP 1992, S. 969 ff., die ein derartiges Sonderrecht verneinen.

160 so auch Weimar ZGR 1992, S. 477, 481 ff.

dem Gesichtspunkt des Gläubigerschutzes ist diesem Ergebnis zuzustimmen[161].

b) Treuhandanstalt und konzernrechtlicher Unternehmensbegriff

Voraussetzung eines Konzerns ist zunächst gem. § 18 AktG die Existenz eines herrschenden Unternehmens. Der Rechtsbegriff des Unternehmens im verbundrechtlichen Sinne ist allgemeiner Meinung zufolge allein aus §§ 15 ff. AktG und seinem Regelungszusammenhang zu entwickeln.[162] Dieser soll zunächst geklärt werden, um zu Kriterien für die Beurteilung der konzernrechtlichen Unternehmenseigenschaft der Treuhandanstalt zu kommen.

aa) Der Unternehmensbegriff des § 15 AktG

§§ 15 ff. AktG gelten nicht allein für Aktiengesellschaften, sondern für Unternehmen jeder Art, so daß sie namentlich auch dem richterrechtlich entwickelten Konzernrecht der GmbH zugrundegelegt werden können.[163]

Das AktG selbst gibt keine Definition des Unternehmensbegriffs. In der Begründung des Regierungsentwurfs zum AktG 1965[164] wird stattdessen ausgeführt, daß von einer Definition "angesichts der großen praktischen Schwierigkeiten" abgesehen wurde.
Ursprünglich wurde ein funktionaler und ein institutioneller Unternehmensbegriff vertreten. Für die Funktionalisten war wesentlich, ob sich der Beteiligungsträger im Rahmen seiner Beteiligung unternehmerisch planend und entscheidend betätigte.[165] Die Gegenauffassung stellt auf die institutionelle Ausprägung des Unternehmens ab. Danach hatte der Beteiligungsträger über einen eingerichteten Geschäftsbetrieb zu verfügen.[166] Da der BGH in gefestigter Rechtsprechung keiner dieser beiden Meinungen gefolgt ist, ist die zu diesen beiden Positionen geführte Auseinandersetzung mittlerweile überholt.

---

161 so auch Kerber/Stechow, DWiR 1992, S. 93

162 Geßler/Hefermehl, § 16 RdNr. 9; KöKo-Koppensteiner, § 15 RdNr. 8; Kübler, GesellR, S. 362 f.; K. Schmidt, GesellR, S. 404 f.

163 Emmerich/Sonnenschein, S. 40; vgl. auch § 51 a Abs. 2, S. 1 GmbHG; sowie statt aller Scholz-Emmerich, § 40 Anhang RdNr. 25 ff.

164 Begründung des RegE zu § 15 AktG, abgedruckt bei Kropff, Aktiengesetz 1965, S. 27

165 vgl. Nacheise Emmerich/Sonnenschein, S. 43

166 vgl. Emmerich/Sonnenschein, S. 43

Der BGH hat sich mit dem Unternehmensbegriff erstmals 1977 in dem VEBA/Gelsenberg-Urteil[167], welches insbesondere im Zusammenhang mit der Treuhandanstalt immer wieder zitiert wird, befaßt. Dort hat das Gericht unter weitgehender Zustimmung der Literatur den Unternehmensbegriff des § 15 AktG aus den Schutzfunktionen des Konzernrechts heraus entwickelt. Danach komme es für die Unternehmenseigenschaft entscheidend darauf an, daß der Aktionär auch außerhalb der Gesellschaft unternehmerische Interessen verfolge, die stark genug sind, um die ernste Besorgnis zu begründen, der Gesellschafter könnte um ihretwillen seinen Einfluß zum Nachteil der Gesellschaft geltend machen.[168] Konstitutiv für die Unternehmenseigenschaft ist mithin die damit umschriebene typische Interessenkonfliktslage, die nach herrschender Meinung beim privaten Mehrheitsgesellschafter allein aufgrund von mehrfachem maßgeblichen Beteiligungsbesitz (multipler Beteiligungsbesitz) angenommen wird.[169] Gleichgültig ist es dabei, welche Rechtsform die Gesellschaft hat.

In der "VEBA/Gelsenberg" wurde ebenfalls entschieden, daß die öffentliche Hand Unternehmen i.S.d. §§ 15 ff. AktG sein kann, was lange Zeit umstritten war.[170]
Diese Frage wurde früher im Schrifttum überwiegend mit der Begründung verneint, die öffentliche Hand sei mit einem privatrechtlichen Unternehmen nicht vergleichbar; wenn sie sich an Unternehmen in Privatrechtsform beteilige, so handele sie nicht unternehmerisch, sondern verfolge öffentliche Zwecke, so daß die Beziehungen dieser Unternehmen zur öffentlichen Hand dem öffentlichen Recht zu unterstellen seien.[171]

---

167 BGHZ 69, S. 334, 337 ff = JuS 1978, S. 202 Nr. 7; dazu z.B. Lutter/Timm, BB 1978, S. 836; Zöllner, AG 1978, S. 40

168 so auch Emmerich/Sonnenschein, S. 44; anders dagegen Schildbach/Koenen, WPg 44. Jg. 1991, S. 661, 664, die auf das Erfordernis eines eigenen Geschäftsbetriebs abstellen; vgl. auch KöKo-Koppensteiner, § 15 RdNr. 31 m.w.N.

169 Emmerich/Sonnenschein, S. 45; KöKo-Koppensteiner, § 15 RdNr. 22 ff.; a.M. Zöllner, ZGR 1976, S. 1, 18: mehrfacher maßgeblicher Beteiligungsbesitz reicht nicht aus.

170 siehe dazu ausführlich Emmerich/Sonnenschein, S. 47 ff.; Clausen, Verbundene Unternehmen, S. 116 ff.

171 vgl. die Nachweise bei Emmerich/Sonnenschein, S. 48

Seit der grundlegenden Entscheidung des BGH vom 13.07.1977[172] finden die aktienrechtlichen Schutzvorschriften jedoch auch dann Anwendung, wenn die öffentliche Hand sich in einem Umfang wirtschaftlich betätigt, der geeignet ist, das Interesse der Gesellschaft und der Gläubiger zu gefährden. Das Schrifttum steht heute überwiegend auf demselben Standpunkt.[173]

bb) Folgerungen für die Treuhandanstalt

Die Tatsache, daß die Treuhandanstalt eine bundesunmittelbare Anstalt des öffentlichen Rechts ist, steht insoweit einer Unternehmenseigenschaft im konzernrechtlichen Sinne nicht entgegen. Im Gegensatz zu natürlichen und juristischen Personen des Privatrechts folgt jedoch aus dem multiplen Beteiligungsbesitz der Treuhandanstalt als Verwaltungsträger allein noch nicht die Einstufung als ein Untenehmen im Sinne des § 15 AktG. Hier muß zur Begründung der Unternehmenseigenschaft konkret die Besorgnis einer typischen Interessenkonfliktslage dargelegt werden.

Insoweit sind von einigen Autoren immer wieder Bedenken bei der Qualifizierung der Treuhandanstalt als Unternehmen geäußert worden.[174] Eine unternehmenskonstitutive Gefährdungslage sei in Bezug auf ihre Beteiligungsunternehmen nicht gegeben, da der Auftrag der Treuhandanstalt im wesentlichen auf das Wohl der geleiteten Unternehmen ausgerichtet sei und nicht darauf, im Interesse übergeordneter erwerbswirtschaftlicher Zwecke Einfluß zu nehmen.[175]

Grundsätzlich schließt jedoch eine am Wohl der Unternehmen ausgerichtete wirtschaftliche Tätigkeit die Unternehmenseigenschaft genauso wenig aus[176],

---

172 BGHZ 69, S. 334, 338 ff. (VEBA/Gelsenberg-Urteil)

173 KöKo-Koppensteiner, § 15, RdNr. 39 ff.; Lutter, ZHR 151 (1987), S. 444, 451; ders./ Timm, BB 1978, S. 836; Paschke, ZHR 152 (1988), S. 263; Weimar/Bartscher, ZIP 1991, S. 69, 7); Ehlers, Verwaltung in Privatrechtsform, S. 132, 157 ff.; Emmerich/Sonnenschein, S. 49

174 insbesondere die Treuhandanstalt selber verneint eine Unternehmenseigenschaft im "spezifisch" konzernrechtlichen Sinne der §§ 15 ff. AktG, ZIP 1992, S. 446, 447; Uhlenbrock, BB 1992, S. 789 ff.; siehe auch Hirte, Der qualifierte faktische Konzern, S. 11 ff.

175 siehe dazu ausführlich Spoerr, Treuhandanstalt und Treuhandunternehmen, S. 380 ff, der zu dem Ergebnis kommt, daß eine Unternehmenseigenschaft der Treuhandanstalt solange nicht vorliegt, als daß sie lediglich im Rahmen ihres gesetzlichen Auftrags handelt. Der Zweck ihrer Beteiligung sei von vornherein und im Grundsatz ausschließlich auf das Wohl des einzelnen Unternehmens ausgerichtet.

176 Haarmeyer/Wutzke/Förster, GesO, Einl. RdNr. 88, Emmerich/Sonnenschein, S. 50

wie der multiple Beteiligungsbesitz eines Verwaltungsträgers allein diese nicht zu begründen vermag. Entscheidend ist, ob eine wirtschaftliche Interessenbindung in mehr als einem Unternehmen besteht, die stark genug ist, um die ernste Besorgnis zu begründen, den Einfluß zum Nachteil einer Beteiligungsgesellschaft geltend zu machen.

Zugunsten einer Unternehmenseigenschaft der Treuhandanstalt wird vielfach argumentiert, daß sie bei der Veräußerung ihrer Anteilsrechte im Zuge der Privatisierung einen möglichst hohen Erlös zu erzielen habe und damit ein wirtschaftliches Ziel verfolge.[177] Während sich grundsätzlich der Schluß ziehen läßt, daß die Verfolgung wirtschaftlicher Ziele in mehreren Beteiligungsunternehmen die Gefahr eines unternehmerischen Interessenkonflikts birgt, bleibt bei der Anteilsveräußerung allein jedoch offen, worin die umschriebene Konfliktlage bestehen könnte. Dagegen besteht insbesondere im Rahmen des Sanierungsauftrags der Treuhandanstalt die ernsthafte Besorgnis, Interessen einer Gesellschaft könnten zugunsten eines anderen Treuhandunternehmens vernachlässigt werden, da hier gesellschaftsübergreifende Strukturveränderungen erforderlich und geboten sind.

Zur Aufgabe der Treuhandanstalt gehört es gleichfalls, Einfluß auf die Entflechtung von Unternehmen zu nehmen, um so die Privatisierung zu erleichtern. Auf die Gefahren, die bei Spaltungsvorgängen nach dem SpTrUG auch für die einzelnen Gesellschaften enstehen können, insbesondere was die Kapitalausstattung nach Spaltung anbelangt, wurde während der obigen Ausführungen bereits hingewiesen.[178] In diesem Zusammenhang sind von der Treuhandanstalt vielfach Entscheidungen zu treffen, die zu Lasten des einzelnen Unternehmens im Interesse eines anderen erfolgen.

Die Treuhandanstalt verfolgt insgesamt aufgrund ihres gesetzlichen Auftrags gesamtwirtschaftliche Interessen, die zwar grundsätzlich dem Wohl der Unternehmen zu dienen haben. Sie unterliegt aber aus den dargestellten Gründen auch außerhalb der einzelnen Gesellschaft - nämlich in bezug auf die zahlreichen anderen Gesellschaften, deren Anteile sie hält- wirtschaftlichen Interessenbindungen,[179] die einen Einfluß zum Nachteil des einzelnen Unternehmens erforderlich machen.

---

177 Haarmeyer/Wutzke/Förster, GesO, Einl. RdNr. 88; Weimar, Nachprivatisierungsprobleme, S. 112; ders. ZIP 1991, S. 69, 71; ders. ZGR 1992, S. 477, 482; Fischer/Lutter/Hommelhoff, Anh. § 13

178 siehe Kapitel 1 B 2 c

179 so auch im Ergebnis Weimar, Nachprivatisierungsprobleme, S. 108 ff.

Neben den genannten Bedenken hinsichtlich des Vorliegens einer Interessenkonversion wird gegen eine Unternehmenseigenschaft der Treuhandanstalt auch die geplante Selbstliquidation geltend gemacht.[180] Es ist jedoch nicht ersichtlich, warum man wegen dieses Umstandes die Unternehmenseigenschaft auch für den Zeitraum des wirtschaftlichen Tätigseins verneinen sollte.[181] Solange die Treuhandanstalt wie ein herrschendes Unternehmen sich mit der Möglichkeit der Einflußnahme auf andere Unternehmen betätigt, liegt kein Grund vor, der einen Verzicht auf den Schutz der Gläubiger rechtfertigen würde.

2. Die Treuhandanstalt als herrschendes Unternehmen (§ 17 AktG)

Ob die Treuhandanstalt auch herrschendes Unternehmen im Sinne des § 17 AktG ist, setzt ein Einflußpotential voraus, das dem herrschenden Unternehmen ermöglicht, seine Planungen bei den beherrschten Unternehmen durchzusetzen. Dabei reicht zur Begründung die potentielle einheitliche Leitung aus. Nicht erforderlich ist die tatsächliche Ausübung der Beherrschungsmöglichkeit, wie sie der Treuhandanstalt aufgrund ihrer Stellung als Alleingesellschafterin eröffnet ist.

3. Zusammenfassung der Treuhandunternehmen unter einheitlicher Leitung der Treuhandanstalt (§ 18 AktG)

Die Einordnung als Konzern setzt aber mehr voraus als die Feststellung der Unternehmenseigenschaft und die Abhängigkeit der Treuhandunternehmen. Hinzu kommen muß die Zusammenfassung unter einheitlicher Leitung gem. § 18 AktG. In Bezug auf die Treuhandanstalt wird dieses Erfordernis ähnlich kontrovers diskutiert wie die Frage nach der Unternehmenseigenschaft der

180 so insbesondere die Treuhandanstalt selber in ZIP 1991, S. 444; so auch Immenga, NJW 1993, S. 2471, 2474, der zwar einerseits davon ausgeht, daß die Treuhandanstalt unternehmerischen Einfluß auf die Treuhandunternehmen ausübt, andererseits die Unternehmenseigenschaft der Treuhandanstalt an sich verneint. Neben seinem Bedenken der zeitlichen Befristung sei zusätzlich problematisch, daß die Treuhandanstalt die Unternehmensbeteiligungen durch Gesetz erlangt hat. Daher seien die §§ 15 ff. AktG hier nicht anwendbar; siehe auch Immenga, NJW 1993, S. 2471, 2475

181 Weimar, ZGR 1992, S. 477, 483; Timm/Schöne, ZIP 1992, S. 969, 975

Anstalt. Dabei wird teils die Einheitlichkeit der Leitung[182], teils schon das Merkmal der Leitung selbst bezweifelt.[183]

a) Konzernvermutung des § 18 Abs. 1 S. 1 AktG

Das Vorliegen eines Konzerns wird im Falle der Abhängigkeit im Sinne des § 17 AktG gem. § 18 Abs. 1, S. 3 AktG zunächst einmal vermutet. Diese Vermutung ist aber widerlegbar.[184] Sie beruht auf der Erfahrung, daß herrschende Unternehmen ihren Einfluß in aller Regel zur Konzernbildung ausnutzen.[185]

b) Widerlegung der Konzernvermutung?

Die Widerlegung der Vermutung besteht in der Darlegung von Umständen, aus denen sich ergibt, daß herrschende und abhängige Unternehmen nicht einheitlich geleitet werden. Nicht erforderlich sind vor allem Umstände, die bereits die Abhängigkeitsvermutung ausschließen, weil die Konzernierungsvermutung in der Systematik des Gesetzes isoliert widerlegbar sein muß.[186] Daher ist zunächst das Tatbestandsmerkmal der einheitlichen Leitung näher zu konkretisieren.

Welche Anforderungen hieran zu stellen sind, ist umstritten.[187] Teilweise wird gefordert, daß einheitliche Leitung eine wirtschaftliche Planungseinheit voraussetze, die sich an einer unternehmerischen Zielverwirklichung orientiere.[188] In Bezug auf die Treuhandanstalt geben insbesondere Spoerr[189] und Priester[190] zu Bedenken, daß es hier gerade an einer Gesamtkoordination der Treuhandunternehmen fehlt und diese auch gar nicht gewollt ist. Stattdessen

---

182 Spoerr, Treuhandanstalt und Treuhandunternehmen, S. 393 ff.; Priester, Bericht über die IDW-Fachtagung in Berlin 1991, S. 81, 96

183 so z.B. Fischer/Lutter/Hommelhoff, Anh. § 13 RdNr. 57, nach deren Ansicht es an einer unternehmerischen Leitung fehlt, mit der Folge, daß gar keine Leitung gegeben sei.

184 KöKo-Koppensteiner, § 18 RdNr. 31

185 siehe Begründung zum RegierungsE zu § 18, abgedruckt bei Kropff, Aktiengesetz, S. 31

186 KöKo-Koppensteiner, § 18, RdNr. 34

187 ausführlich zur einheitlichen Leitung, KöKo-Koppensteiner, § 18 RdNr. 12 ff.

188 siehe etwa Kleindiek, Strukturvielfalt im Personengesellschaftskonzern, S. 43; Kübler, GesellR, S. 344

189 Spoerr, Treuhandanstalt und Treuhandunternehmen, S. 393 ff.

190 Priester, Bericht über die IDW-Fachtagung in Berlin 1991, S. 81, 96

hat sie darauf hinzuwirken, daß die Treuhandunternehmen zu leistungsfähigen Einzelunternehmen am Markt ohne Konzernverbund untereinander und zur Treuhandanstalt werden. Insofern widerspräche allein das Mandat der Treuhandanstalt einer Konzernierungs-Vermutung.[191]
Die neuere Rechtsprechung indessen fordert nicht mehr diesen engen Begriff der einheitlichen Leitung, da konzernspezifische Gefährdungen auch ohne übergreifende unternehmerische Zielkonzeptionen vorkommen können.[192] Danach reicht die verbundweite Planung eines wesentlichen Gegenstandsbereichs, insbesondere wenn es sich dabei um die Finanzplanung und -kontrolle handelt, aus.[193] Im Interesse des Gläubigerschutzes ist dieser Meinung zuzustimmen.
Ausgangspunkt dieser Überlegung ist, daß insbesondere über die verbundweite Finanzplanung das gesamte unternehmerische Geschehen im Konzern am intensivsten zu steuern ist. Darunter fällt u.a. die Entscheidung über den Umfang der den einzelnen Konzernmitgliedern zur Verfügung stehenden Finanzmittel sowie über die Art der Aufbringung. Unter diesem Gesichtspunkt beeinflußt die Konzernbindung stets auch die Investitionspolitik der Beteiligten und damit deren wirtschaftliche Gesamtentwicklung. Stellt man allein auf dieses Kriterium ab, so bestehen keine Bedenken, eine einheitliche Leitung der Treuhandanstalt anzunehmen. Die Treuhandanstalt kontrolliert - aufgrund ihres Sanierungsauftrags und ihrer Gesellschafterverantwortung hat sie die Pflicht dies zu tun - die Finanzplanung und Investitionspolitik ihrer Unternehmen. Darüber hinaus ist sie an der strategischen Planung ihrer Beteiligungsunternehmen beteiligt (Unternehmenskonzepte) und benutzt ihre Liquiditätsversorgung als Hebel zur Einflußnahme auf die anderen Funktionalbereiche.

Trotz dieser zentralen Finanzplanung entspricht die Treuhandanstalt mit ihren Beteiligungsunternehmen nicht der Vorstellung des "klassischen Konzerns", da die Zielsetzung eine andere ist. Hier wird die Leitungsmacht nicht zum sonst üblichen Zwecke der Bestandskontinuität und verbundweiten Gewinnoptimierung eingesetzt. Es ist jedoch zu berücksichtigen, daß bei der unternehmerischen Bewältigung dieses gesetzlichen Mandats sich bei den Gläu-

---

191 so auch im Ergebnis die Treuhandanstalt selber, Balz, ZIP 1991, S. 446, 447

192 BGHZ 107, S. 7 ff.

193 dies stellt heute wohl auch die herrschende Meinung in der Literatur dar, siehe dazu Fleck, EWiR 1989, S. 431; Emmerich/Sonnenschein, S. 77 ff.; Stimpel, ZGR 1991, S. 144, 157; noch weitergehend Koppensteiner, danach ist die finanzielle Leitung nicht nur ausreichend, sondern notwendige Bedingung eines Konzerns

bigern der Treuhandunternehmen Gefahren realisieren, die den typischen Konzerngefahren entsprechen. Folglich scheint es trotz aller Bedenken gerechtfertigt zu sein, auf konzerntypische Konflikte auch das Konzernrecht zur Lösung heranzuziehen.
Insofern ist in der Konzerneigenschaft Emmerich/Sonnenschein[194] zuzustimmen, die für die Treuhandanstalt gleichermaßen wie für Gebietskörperschaften zu dem Ergebnis kommen, daß sie mit ihren Beteiligungsunternehmen "große öffentliche Konzerne" bilden.[195]

4. Zwischenergebnis

Aufgrund der vorangegangenen Ausführungen kann man zwei wichtige Teilergebnisse festhalten. Zum einen ist die Treuhandanstalt trotz der geäußerten Bedenken als Unternehmen im konzernrechtlichen Sinn zu qualifizieren. Zum anderen ist sie mit ihren Beteiligungsunternehmen als faktischer Konzern einzustufen, da zwischen der Anstalt und den einzelnen Gesellschaften weder ein aktienrechtlicher Beherrschungsvertrag besteht, noch die Gesellschaften im Sinne des § 391 AktG eingegliedert sind.
Mangels entgegenstehender spezieller Regelungen ist die Treuhandanstalt insoweit nach den von der Rechtsprechung entwickelten Grundsätzen des faktischen Konzerns zu behandeln.

---

194 Emmerich/Sonnenschein, S. 50

195 immer wieder wurde auch versucht,dem DM-Bilanzgesetz systematische Argumente zur Konzerneigenschaft der Treuhandanstalt zu entnehmen. Dabei wird zum einen argumentiert, daß die in § 21 Abs. 5 DMBilG enthaltene Erleichterung einer Gesamteröffnungsbilanz im Gegensatz zu einer Konzerneröffnungsbilanz ergebe, daß die Treuhandanstalt nicht wie eine "normale" Konzernspitze zu behandeln sei. Dagegen wird wiederum eingewandt, daß gerade § 21 Abs. 5 DMBilG die Treuhandanstalt in ihrem bilanzrechtlichen Pflichtenkreis als eine Konzernspitze qualifiziert und als solche auch behandelt; Einzelheiten bei Weimar, ZIP 1992, S. 378 ff.

III. Haftungsfolgen der Treuhandanstalt bei qualifizierter faktischer Konzernierung

Die Möglichkeit, auf die Treuhandanstalt für die Erfüllung von Sozialplanansprüchen zurückzugreifen, hängt von der Qualität des faktischen Konzernverhältnisses ab. Erst die Qualifikation als qualifizierter faktischer Konzern[196] kann eine Verlustausgleichspflicht[197] oder eine Ausfallhaftung auslösen.

1. Voraussetzungen des qualifizierten faktischen Konzerns und seine Abgrenzung zum einfachen Konzern

Die Frage, ob die Treuhandanstalt mit ihren Beteiligungsunternehmen als qualifizierter faktischer Konzern oder lediglich als einfacher Konzern einzustufen ist, ist genauso umstritten wie die letztlich mit einigen Bedenken zu bejahende Frage des Vorliegens eines Konzerns.

Ein einfach faktischer Konzern[198] liegt vor, wenn die GmbH von einem anderen Unternehmen zwar beherrscht wird, z.B. durch die Vorgabe konzernrechtlich ausgerichteter Ziele, jedoch selbständig und unter Eigenverantwortung der Geschäftsführung geleitet wird.
Die Voraussetzungen des qualifizierten faktischen Konzerns sind in den letzten Jahren heftig und kontrovers diskutiert worden.[199] Grundsätzlich hat jedoch das von der Rechtsprechung entwickelte Haftungskonzept der Verlustausgleichpflicht analog §§ 302 ff. AktG im Schrifttum Zustimmung gefun-

---

196 vgl. die Ausführungen zur Entwicklung der Rechtsprechung zum qualifizierten faktischen Vertrag, Stimpel, in Hommelhoff, Der qualifizierte faktische GmbH-Konzern, S. 5 ff.; zu beachten ist in diesem Zusammenhang auch die neueste Entscheidung des BGH, NJW 1993, S. 1200 ff.(TBB-Urteil)

197 zum Verlustausgleich ausführlich Schmidt, in Hommelhoff, Der qualifizierte faktische GmbH-Konzern, S. 109 ff.; allgemeine Bedenken zum Verlustausgleich Stimpel, ZGR-Sonderheft 6, S. 39, 42

198 ausführlich dazu Emmerich/Sonnenschein, S. 374 ff.; siehe dazu auch Clausen, Verbundene Unternehmen, S. 199 ff.

199 Der Begriff des qualifizierten faktischen Konzerns tauchte erstmals 1972 in den vom Arbeitskreis GmbH-Reform (Hueck, Lutter, Mertens, Rehbinder, Ulmer, Wiedemann) formulierten Thesen und Vorschlägen auf; siehe Thesen und Vorschläge zur GmbH-Reform, Bd. II 1972, S. 45, 54, 70

den.[200] Nach überwiegender Ansicht in der Literatur und unter Einbeziehung der Rechtsprechung kann ein qualifiziert faktischer Konzern angenommen werden, wenn dem Konzerninteresse generell der Vorrang eingeräumt wird und auf diese Weise das Eigeninteresse der abhängigen GmbH nachhaltig beeinträchtigt wird.[201] Bis zur neuesten Entscheidung des BGH[202] galt als Indiz dafür die dauernde und umfassende Leitung der beherrschten Gesellschaft durch das herrschende Unternehmen.[203]

Im neueren Schrifttum wird in diesem Zusammenhang weiter diskutiert, ob als Tatbestand bereits ein bestimmter Organisationsbefund genügt, oder zusätzlich ein Rechtsverletzungstatbestand erforderlich sein soll. Dabei wird zwischen einer sog. Zustandshaftung und einer Verhaltenshaftung unterschieden.
Die Vetreter eines Zustandstatbestandes nehmen den qualifizierten Konzern bereits bei einer dauernden und umfassenden Leitung der abhängigen GmbH durch das herrschende Unternehmen an. Grundlage der Verlustausgleichshaftung soll allein die Leitungsdichte und Intensität sein.[204] Die Befürworter einer Verschuldenshaftung[205] sehen dagegen in der Haftung des herrschenden Unternehmens eine Sanktion für die Verletzung von Verhaltenspflichten bei der Führung einer Unternehmensgruppe an. Eine Verlustausgleichspflicht ohne konkrete Feststellungen von Schädigungen der Belange des abhängigen Unternehmens ist danach nicht möglich.

---

200 vgl. nach BGHZ 197, S. 7 ff. ("Tiefbau") Fischer/Lutter/Hommelhoff, Anh. § 13 RdNr. 21 ff.; Lutter, AG 1990, S. 179, 181; K. Schmidt ZIP 1989, S. 545; Ebenroth, AG 1990, S. 188, 193; Vonnemann BB 1990, S. 217; Stimpel ZGR 1991, S. 144 ff.; kritisch: Altmeppen, Abschied vom qualifiziert faktischen Konzern, S. 53 ff.

201 siehe ausführlich zum Tatbestand des qualifizierten faktischen GmbH-Konzerns Westermann, in: Hommelhoff, Der qualifizierte faktische GmbH-Konzern, S. 21 ff.; Krieger, in: Hommelhoff, Der qualifizierte faktische GmbH-Konzern, S. 41 ff.

202 siehe Urteil vom 29.03.1993, NJW 1993, S. 1200 ff.

203 so insbesondere BGH, ZIP 1989, S. 440 ff., siehe Leitsatz 2; so auch Hommelhoff, DB 1992, S. 309 f.

204 Assmann JZ 1986, S. 928; K. Schmidt, BB 1985, S. 2074, 2077; Wiedemann ZGR 1986, S. 656, 664; Emmerich/Sonnenschein, S. 388 ff.

205 Altmeppen, DB 1991, S. 2225, 2227; Flume, DB 1992, S. 25 f.; Lutter, ZGR 1982, S. 244, 266 f.; ders. ZIP 1985, S. 1425, 1429, 1433 f.; ders. AG 1990, S. 179 ff.; Rehbinder, AG 1986, S. 85, 95; Schwark JuS 1982, S. 443, 449

Der BGH folgte bisher keiner dieser Ausführungen, tendierte aber seit dem Tiefbau-Urteil[206] und dem Video-Urteil[207] zur verschuldensunabhängigen Zustandshaftung. Der BGH hat die konzernrechtliche Haftung jedoch nicht allein von einem Organisationsbefund abhängig gemacht, sondern forderte die nachhaltige Beeinträchtigung der Eigeninteressen der abhängigen GmbH durch die dauernde und umfassende Leitung des herrschenden Unternehmens. Allerdings hat der BGH seit der sog. Tiefbau-Entscheidung[208] und der anschließenden Video-Entscheidung diese Leitungsintensität als ausreichendes Indiz für die Beeinträchtigung der Eigeninteressen der abhängigen GmbH ausreichen lassen. Von der Pflicht zur Verlustübernahme konnte sich das herrschende Unternehmen nur befreien, wenn es die Vermutung widerlegen konnte, daß die entstandenen Verluste nicht auf der Geschäftsführung des herrschenden Unternehmens beruhte. Der BGH rückt in seinem neuesten Urteil[209] jedoch von dem verschuldensunabhängigen Haftungsansatz ab. In der "TBB"-Entscheidung stellt der BGH klar, daß trotz dauernder und umfassender Leitung nicht vermutet werden könne, daß Beeinträchtigungen der Eigeninteressen zugunsten des Konzerns stattgefunden haben. Neben der Darlegung der erhöhten Leitungsintensität erfordert die neueste Rechtsprechung zusätzlich die Darlegung, daß die eingetretenen Verluste durch mangelnde Rücksichtnahme auf die Interessen der abhängigen GmbH beruhen. Insoweit vollzieht der BGH mit seiner Klarstellung eine Trendwende von einer verschuldensunabhängigen Konzernhaftung zu dem Erfordernis einer pflichtwidrigen Ausübung der Leitungsmacht durch das herrschende Unternehmen. Ausgehend von der eingangs genannten Definition unter Berücksichtigung der neuesten Rechtsprechung des BGH soll nunmehr eine Einordnung der Treuhandanstalt vorgenommen werden.

2. Die Einordnung der Treuhandanstalt

Das Kreisgericht Erfurt hatte in seiner Entscheidung vom 29.07.1991[210] die Voraussetzungen eines qualifizierten faktischen Konzerns bejaht und daher eine Haftung der Treuhandanstalt analog § 303 AktG angeordnet. Bei dieser Entscheidung berief sich das Kreisgericht Erfurt auf die grundlegende Auto-

---

206 BGHZ 107, S. 7 ff. = ZIP 1989, S. 440 ff.

207 BGH ZIP 1991, S. 1354 ff.

208 BGHZ 107, S. 7 ff. = ZIP 1989, S. 440 ff.

209 BGH, NJW 1993, S. 1200 ff. (TBB-Entscheidung)

210 ZIP 1991, S. 1233

kran- und die sich daran anschließende Tiefbau-Entscheidung des BGH.[211] Im folgenden soll geprüft werden, ob das "Erfurter"-Urteil lediglich einen Einzelfall darstellt, oder ob die Treuhandanstalt aufgrund ihrer Maßnahmen immer mit einer qualifizierten Konzernhaftung rechnen muß. Hierbei ist insbesondere auch die TBB-Entscheidung des BGH zu berücksichtigen, die zum Zeitpunkt der Entscheidung des Kreisgerichts noch nicht bekannt war.
Im qualifizierten faktischen Konzern steht und fällt das Haftungsproblem zunächst mit der Feststellung einer dauernden und umfassenden Leitung der abhängigen GmbH, auch wenn daran keine Vermutung der Interessenkonversion im Konzern geknüpft werden kann. Der Haftungsgrund liegt zwar in der Interesseneinbindung der abhängigen Gesellschaft, diese verwirklicht sich aber nach wie vor am ehesten in Fällen qualifizierter Beherrschung. Dies gilt insbesondere unter Berücksichtigung der Tatsache, daß eine analoge Anwendung der Vorschriften §§ 302, 303 AktG nicht bei einzelnen Schädigungen in Betracht kommt, sondern eine breitflächige Benachteiligung erforderlich ist.
Ob auch die Treuhandanstalt auf ihre Beteiligungsunternehmen im Zuge ihrer Aufgabenerfüllung eine Leitungsintensität ausübt, die eine Beurteilung als qualifizierte Beherrschung erlaubt, ist anhand von Kriterien zu überprüfen, die von Literatur und Rechtsprechung dazu entwickelt wurden.

a) Dauernde und umfassende Leitung

Hier genügt nicht allein die Feststellung, die abhängige Gesellschaft werde tatsächlich einheitlich geleitet. Dies rechtfertigt lediglich die Einstufung der Unternehmensverbindung als Konzern. Erforderlich ist eine qualitativ gesteigerte Außenleitung, die eine breitflächige, intensive und andauernde Führung der Geschäfte der abhängigen GmbH beinhaltet.[212] Anders ausgedrückt bedeutet dies, daß die wesentlichen Unternehmensbereiche am Konzerninteresse ausgerichtet sein müssen und vom herrschenden Unternehmen zentral gelenkt werden. Gleichwohl folgt daraus jedoch nicht, daß das herrschende Unternehmen sämtliche Entscheidungen an sich ziehen muß. Es genügt, wenn die umfassende Beherrschung einzelner Geschäftsbereiche eine umfassende Beherrschung der GmbH selbst hervorruft.[213]
Eine umfassende Beherrschung liegt häufig bei personellen Verflechtungen vor, in denen Geschäftsführungsmitglieder des herrschenden Unternehmens

---

211 BGHZ, 95, S. 330 ff.; 107, S. 7 ff.

212 Hommelhoff, DB 1992, S. 309, 310

213 Dahingehend auch BGHZ 107, S. 7, 20; Emmerich, GmbHR 1987, S. 213, 216; Drüke, S. 163

als Geschäftsführer in der abhängigen GmbH (sog. Doppelmandate) eingesetzt werden. Zwar kann nicht per se von einer qualifizierten Beherrschung ausgegangen werden. Da mit engen personellen Verflechtungen jedoch regelmäßig die Gefahr verbunden ist, daß aufgrund der Doppelfunktion eine nicht mehr nachvollziehbare Einflußnahme erfolgt, kommt diesem Tatbestand zumindest eine indizielle Bedeutung zu.[214] Bei der Treuhandanstalt aber gibt es Doppelmandate in aller Regel nicht. Eigenes Personal der Treuhandanstalt nimmt normalerweise nicht gleichzeitig Geschäftsführungsfunktionen bei Beteiligungsunternehmen wahr. Insoweit bedarf es hier anderer Anhaltspunkte, die auf eine umfassende Leitung schließen lassen.
Immer wieder wird als Merkmal einer umfassenden Leitung der Begriff "Führung wie eine Betriebsabteilung" genannt.[215] Aber auch diese Beschreibung ist bei der Einordnung der Treuhandanstalt - ungeachtet dessen, daß dieser Begriff schon an sich ungenau ist[216] - wenig hilfreich, da die Treuhandanstalt keine eigenbetrieblichen Aufgaben wahrnimmt. Trotzdem bieten sich verschiedene Maßnahmen der Treuhandanstalt an, die unter dem Aspekt der gesteigerten Außenleitung analysiert werden sollten.

aa) Zentrale Finanzplanung

Dabei ist als erstes zu prüfen, ob möglicherweise die zentrale Finanzplanung der Treuhandanstalt eine gesteigerte Außenleitung darstellt. Die Treuhandanstalt entscheidet in der Mehrzahl ihrer Unternehmen über deren Liquidität und deren mittel- und langfristige Finanzierung durch Zuweisung finanzieller Hilfen aus Zentralmitteln.[217] Klar ist auch, daß über die Finanzplanung regelmäßig die Geschäftspolitik bestimmt werden kann. Insofern ist die Beherrschung des Finanzsektors hervorstechendes Beispiel dafür, daß umfassende Beherrschung vorliegen kann, ohne daß sämtliche Entscheidungen vom herr-

---

214 so im Ergebnis auch Hommelhoff, DB 1992, S. 309, 312, der ausführt, auch bei einer Personalunion bestehe lediglich eine widerlegbare Vermutung für die Beherrschung im Konzerninteresse; Lutter, AG 1990, S. 179, 183; KöKo-Koppensteiner, § 311 RdNr. 18, hält die personelle Verflechtung für den Ausdruck eines Informations- und Kontrollbedürfnisses, das nicht zu einer hinreichenden Intensivierung der Einflußnahme führe.

215 siehe Altmeppen, Abschied vom qualifizierten faktischen Konzern, S. 1 f. m.w.N.

216 so auch Lutter ZGR 1982, S. 244, 264, mit dieser Umschreibung ist indes kaum etwas gewonnen; Emmerich/Sonnenschein, S. 378, sehen hierin keine Alternativen, sondern wenden beide Definitionen nebeneinander an.

217 Rechtsgrundlage ist Art. 25 Abs. 3-5 Einigungsvertrag

schenden Unternehmen getroffen werden. Auch der BGH hat in der Tiefbau-Entscheidung bei der Feststellung einer qualifizierten Beherrschung auf die zentrale Finanzplanung durch das herrschende Unternehmen abgestellt. In diesem Zusammenhang hat er aber ausdrücklich darauf hingewiesen, daß eine Einflußnahme auf die finanzwirtschaftlichen Entscheidungen nur dann dem Kriterium der umfassenden Leitung der abhängigen Gesellschaft genügt, wenn über diesen Hebel das gesamte Geschehen in der GmbH geleitet, gelenkt und gesteuert wird.[218] Nicht ausreichend ist, wenn von der Konzernspitze nur die grundlegenden Rahmenbedingungen, z.B. Kapitalaustattung, Gewinnverwendung, vorgegeben werden. Bei dieser Gestaltung bleibt der Geschäftsführung in der abhängigen Gesellschaft noch ein erheblicher wirtschaftlicher Freiraum, so daß nicht von einer umfassenden Beherrschung ausgegangen werden kann.
Ob ein Treuhandunternehmen über die Entscheidungsmöglichkeiten der Treuhandanstalt im finanziellen Bereich dauernd und umfassend geleitet wird, ist letztendlich eine Tatsachenfrage und muß für den Einzelfall konkret überprüft werden.[219] Insbesondere die Rolle der Treuhandanstalt als "Liquiditätsversorger" birgt die Möglichkeit einer umfassenden und dauernden Leitung vieler ihrer Unternehmen, begründet diese aber nicht zwangsläufig. Entscheidend ist unter Berücksichtigung der Tiefbau-Entscheidung, in welchem Umfang die Treuhandanstalt über die Liquiditätsversorgung Einfluß auf andere Geschäftsbereiche nimmt.

bb) Zustimmungspflichtige Geschäfte

Neben der zentralen Finanzplanung nimmt die Treuhandanstalt vor allem durch den Katalog "Zustimmungspflichtige Geschäfte von Treuhandunternehmen"[220] Einfluß auf die Beteiligungsunternehmen. Der Katalog bestimmt, welche Geschäfte der Zustimmung der Gesellschafterversammlung oder des Aufsichtsrats bedürfen. Diese gesellschaftsrechtlichen Einvernehmenserfordernisse betreffen durchweg Geschäfte, die über den "normalen" Geschäfts-

---

218 BGHZ 107, S. 7, 19; bestätigt in BGH DB 1991, S. 2176, 2177; vgl. auch Decher, DB 1989, S. 965, 970 f.; Lutter, AG 1990, S. 179, 182; Im Ergebnis auch Drüke, S. 163 f.; a.A. Altmeppen, DB 1991, S. 2225, 2227

219 so auch Weimar, ZGR 1992, S. 477, 491

220 vgl. Treuhandanstalt, Informationen vom 10.10.1991

betrieb hinausgehen. Deshalb wird die Unabhängigkeit der Geschäftsleitung im Tagesgeschäft nicht beeinträchtigt.[221]
Dieses Ergebnis steht auch im Einklag mit der besonderen Stellung der Treuhandanstalt, die keine langfristigen unternehmenspolitischen Ziele verfolgt, sondern einen bestimmten gesetzlichen Auftrag zu erfüllen hat, der primär Privatisierung und Sanierung in der schon beschriebenen Weise beinhaltet. Im Rahmen dieser Aufgabenerfüllung besteht regelmäßig gar keine Veranlassung, sämtliche Geschicke und wirtschaftlichen Freiräume über die Finanzplanung oder Zustimmungsvorbehalte zu lenken und leiten.[222]
Insofern ist das Urteil des Kreisgerichts Erfurt wohl eher, auch unabhängig von § 28 a EGAktG, als Einzelfall einzustufen. Das Gericht hatte in dieser Entscheidung eine umfassende und dauernde Leitung konstatiert, da die Geschäftsführer der GmbH's in wesentlichen Bereichen ihrer Geschäftsführung an die Zustimmung der Treuhandanstalt gebunden waren.[223]
Sollten aber dennoch die Maßnahmen und Entscheidungen der Treuhandanstalt den Umfang und die Qualität einer qualifizierten Beherrschung im Einzelfall erreichen, so ist damit noch keine abschließende Aussage über das Entstehen der Verlustausgleichspflicht oder des Direktanspruchs analog §§ 302, 303 AktG getroffen.

b) Beeinträchtigung der Eigeninteressen der abhängigen Gesellschaft

Haftungstatbestand ist nicht die dauernde und umfassende Leitung der abhängigen Gesellschaft, sondern die Beeinträchtigung ihrer Interessen.[224] Erforderlich ist daher, daß keine angemessene Rücksicht auf die eigenen Belange der abhängigen Gesellschaft genommen wurde, ohne daß sich der ihr zugefügte Nachteil durch Einzelausgleichsmaßnahmen kompensieren ließe.
Die bisherige Rechtsprechung des BGH (Tiefbau, Video) wurde zwar insbesondere nach der Tiefbau-Entscheidung so ausgelegt, daß der Haftungstatbestand mittels einer tatsächlichen Vermutung allein aus einer besonders intensiven Ausübung der Leitungsmacht gefolgert werden könne. In diesem Punkt

---

221 siehe dazu auch Stechow/Kerber, DWiR 1992, S. 93, die schon eine Leitung aufgrund vieler praktischer Schwierigkeiten in Frage stellen.

222 so auch Ulmer, RWS-Forum 7, S. 39, 40, der für den Regelfall den Tatbestand des qualifizierten faktischen Konzerns verneint, da die Privatisierungs- und Sanierungspolitik der Treuhandanstalt nicht darauf abziele, auf die Geschäftspolitik ihrer Tochter- und Enkelgesellschaften breitflächig einzuwirken.

223 ZIP 1991, S. 1233, 1252

224 BGH NJW 1993, S. 1200, 1202

liegt aber wohl die entscheidende und aus der Sicht der Unternehmenspraxis entschärfende "Änderung" der Konzernrechtssprechung. Der BGH hat in der TBB-Entscheidung[225] den ehemals weiten Tatbestand durch die Formel ersetzt:[226] Der Gesellschaft und unter Umständen ihren Gläubigern ist der Zugriff auf das Vermögen des herrschenden Unternehmens dann zu gestatten, wenn die abhängige Gesellschaft in einer Weise behandelt wird, die einen objektiven Mißbrauch der beherrschenden Gesellschafterstellung darstellt. Er stellt zusätzlich klar, daß der Kläger den Nachweis der Ursächlichkeit für die eingetretenen Verluste aufgrund mangelnder Rücksichtnahme auf die Eigeninteressen zu erbringen hat. Der BGH differenziert prozessual insoweit sinnvoll, als daß der Beklagte bezüglich der Umstände darlegungspflichtig ist, die vom Kläger mangelnden Einblicks in die Interna der Unternehmensorganisation nicht vorgetragen werden können. [227]
Mit dieser Entscheidung hat der BGH in positiver Weise auf das "literarische Erdbeben"[228] um den qualifizierten faktischen Konzern reagiert.[229] Inwieweit sich auch die Rechtsprechung des BAG ändert, bleibt abzuwarten. Es ist aber anzunehmen, daß sich das BAG der Klarstellung des BGH anschließen wird.
Es bleibt letztendlich einer Einzelfallprüfung vorbehalten, ob die Treuhandanstalt mit ihren gesetzlichen Möglichkeiten auf ein Treuhandunternehmen entsprechend intensiv und mit den erforderlichen Nachteilen einwirkt.

3. Beurteilung der Entscheidung des Kreisgerichts Erfurt unter Einbeziehung der TBB-Entscheidung des BGH

Fraglich ist, ob das Kreisgericht Erfurt auch bei Kenntnis des TBB-Urteils zu einer Haftung analog § 303 AktG gelangt wäre. Nach den Urteilsausführungen wird man davon ausgehen können. Zwar stellt das Kreisgericht Erfurt in seiner Urteilsbegründung insbesondere auf die qualifizierte Beherrschung in

225 vgl. zum TBB-Urteil die Reaktionen von K. Schmidt, ZIP 1993, S. 549 ff.; Westermann, ZIP 1993, S. 554 ff.

226 BGH ZIP 1993, S. 589

227 siehe zu der TBB-Entscheidung auch die Anmerkung von Kübler, NJW 1993, S. 1204 f.

228 so Westermann, ZIP 1993, S. 554

229 U.a. hatte die Mehrheit des 59. DJT in Hannover dem BGH empfohlen, die bisher gefundene Haftungsregel einzuschränken (zip-aktuell 1992, A 109 Nr. 297); grundsätzliche Kritik an der Rechtsprechung auch bei Altmeppen, DB 1991, S. 2225 ff.; Flume ZIP 1992, S. 817 ff.; dem BGH im wesentlichen jedoch zustimmend Sonnenschein/Holdorf JZ 1992, S. 715 ff.; Hommelhoff DB 1992, S. 309 ff.; Ebenroth/Wilken, BB 1991, S. 2229 ff.; Kohl MDR 1992, S. 204 ff.

Form der dauernden und umfassenden Leitung ab,[230] knüpft daran aber nicht lediglich eine entsprechende Vermutung, sondern zeichnet konkret die dadurch entstandenen finanziellen Nachteile der abhängigen Gesellschaft auf. Diese lagen schwerpunktmäßig in dem systematischen Entzug der Liqidität des Unternehmens, so daß eine eigene wirtschaftliche Entwicklung hin zur Selbständigkeit nicht stattfinden konnte. Veräußerungen von nicht benötigten Immobilien oder Betriebsteilen konnten nicht von dem Treuhandunternehmen zur Liqidationsbeschaffung selbst getätigt werden. Diese geschäftlichen Möglichkeiten wurden auschließlich von der Treuhandanstalt wahrgenommen, die auch die dabei erzielten Verkaufserlöse auf ihre zentralen Konten leitete und diese daher zur Befriedigung der finanziellen Gesellschaftsverpflichtungen nicht zur Verfügung standen. Der Sachverhalt, der dem Kreisgericht Erfurt zur Entscheidung vorlag, zeigt nahezu klassisch, wie über die Leitung der Finanzpolitik das Geschick der gesamten Gesellschaft beeinflußt werden kann. Hier sind ausreichend Tatsachen vorgetragen worden, die die Annahme zumindest nahelegen, und dies ist nach der TBB-Entscheidung ausreichend, daß bei der Unternehmensführung im Hinblick auf das Konzerninteresse die eigenen Belange der GmbH über bestimmte, konkret ausgleichspflichtige Einzeleingriffe hinaus beeinträchtigt worden sind.

4. Zwischenergebnis

Nach alledem kann festgehalten werden:
Zwischen der Treuhandanstalt und den von ihr beherrschten Unternehmen fehlt es in der Regel am Tatbestand qualifizierter faktischer Konzernierung, da häufig schon keine qualifizierte Beherrschung vorliegt. Die dauernde und umfassende Leitung stellt zwar nach der neuesten Rechtsprechung des BGH kein Tatbestandsmerkmal mehr dar, fehlt sie aber, so wird auch eher selten eine entsprechend starke Beeinträchtigung der Eigeninteressen des Unternehmens vorliegen. Insofern werden die Gläubiger von Sozialplanansprüchen nur in Ausnahmefällen auf die Treuhandanstalt über eine analoge Anwendung der §§ 302, 303 AktG zurückgreifen können. Letztlich ist aber immer eine Überprüfung am Einzelfall vorzunehmen.

---

230 siehe dazu im einzelnen die Ausführungen in der Urteilsbegründung, ZIP 1991, S. 1233, 1252 ff.

Der Nachteilsausgleichsanspruch im einfachen faktischen Konzern hat seinen rechtlichen Anknüpfungspunkt in den gesellschaftsrechtlichen Treuepflichten. Eine Analogie zu den §§ 311 ff. AktG kommt aus den oben näher dargelegten Gründen nicht in Betracht.[231] Die durch § 311 AktG herbeigeführte Privilegierung des herrschenden Unternehmens ist mit den gesellschaftsrechtlichen Treuepflichten nicht zu vereinbaren.[232] Als richtungsweisend für die gesamte Diskussion hat sich die sog. ITT-Entscheidung[233] erwiesen. Dort setzte der BGH der Einflußnahme eines Mehrheitsgesellschafters im Interesse der Minderheit Grenzen und begründete dies damit, daß mit der Möglichkeit der Einflußnahme auf die Geschäftsführung eine Rücksichtnahme auf die gesellschaftsbezogenen Interessen der
Mitgesellschafter einhergehen müsse. Diese Argumentation des BGH verdeutlicht, daß dem Fall zwar ein Konzernsachverhalt zugrunde lag, dieser aber für die rechtliche Bewertung unerheblich war. Nicht die Konzernsituation oder Konzernbedingtheit des nachteiligen Eingriffs wurde als haftungsbegründend angesehen, sondern die dem GmbH-Recht entnommene Pflicht, die Interessen der Minderheitsgesellschafter zu beachten.

Eine Verletzung dieser Treuepflicht führt grundsätzlich zu einem Nachteilsausgleichsanspruch bzw. Schadensersatzanspruch der abhängigen GmbH. Somit stellt die Treuepflicht zunächst lediglich eine gesellschaftsinterne Bindung dar, so daß es einer genaueren Untersuchung bedarf, in welcher Weise auch die Gläubiger vom Minderheitenschutz profitieren können.

Bei der mehrgliedrigen GmbH kommt der Minderheitenschutz den Gläubigern reflexartig zugute, da diese den Anspruch der abhängigen Gesellschaft pfänden und sich zur Überweisung einziehen lassen können. Dabei ist jedoch nicht zu verkennen, daß die Minderheitsgesellschafter über die Entstehung und Durchsetzung ihrer Schadensersatzansprüche disponieren können. Einen direkten Gläubigeranspruch gibt es dagegen nicht.

Dieser "reflexartige" Gläubigerschutz entfaltet infolgedessen bei Fehlen von Minderheitsgesellschaftern keine Wirkung. So ist aber in der Regel die Fallkonstellation zwischen Treuhandanstalt und Treuhandunternehmen, da die Treuhandunternehmen durchweg im Alleinbesitz der Treuhandanstalt stehen.

---

231 a.A. Rowedder, ZGR-Sonderheft 6, S. 20, 29 ff.

232 vgl. auch BGHZ 95, S. 330, 342; Lutter ZHR 151 (1987), S. 444, 445; Fischer/Lutter/Hommelhoff, Anh. § 13 RdNr. 12; Ulmer ZHR 148 (1984), S. 391, 411 f.; Assmann, JZ 1986, S. 928;

233 BGHZ 65, S. 15 ff.

Da hier keine Treuebindung gegenüber den Mitgesellschaftern existiert, kann diese auch nicht als Argument für ein Schädigungsverbot des Alleingesellschafters dienen. Aber auch die Treuebindung des Gesellschafters gegenüber der Gesellschaft als solche begründet kein Schädigungsverbot, da das Eigeninteresse der Gesellschaft nach Art und Inhalt allein vom einzigen Gesellschafter bestimmt wird. Zwar wird vereinzelt ein eigenständiges Gesellschaftsinteresse unter Einbeziehung der Gesellschafter-, Gläubiger- und Arbeitnehmerinteressen wie auch des satzungsmäßigen Gesellschaftszwecks postuliert. Insbesondere Ulmer entwickelte eine Schadensersatzverpflichtung des herrschenden Unternehmens bei Verletzung des Eigeninteresses der GmbH.[234] Mit der Rechtsprechung und der herrschenden Meinung in der Literatur ist aber davon auszugehen, daß es ein von der Gesamtheit der Gesellschafter unabhängiges Gesellschaftsinteresse nicht gibt.

Solange die Treuhandanstalt sämtliche Anteile der Beteiligungsunternehmen hält, können nach dem Gesagten keine Ersatzansprüche wegen Treuepflichtverletzungen geltend gemacht werden.

Die haftungsrechtliche Situation ändert sich jedoch in dem Moment, in dem die Treuhandanstalt ausnahmsweise ihre Geschäftsanteile nicht en bloc, sondern nur teilweise veräußert und den Status als Mehrheitsgesellschafterin einnimmt. Bei dieser Fallkonstellation trifft die Treuhandanstalt das typische Haftungsrisiko innerhalb einer mehrgliedrigen GmbH, bei dem die Mehrheitsgesellschafter auf die Minderheit Rücksicht zu nehmen hat. Dort lösen beispielsweise schädigende Weisungen der Mehrheit an die Geschäftsführung Ersatzansprüche der abhängigen Gesellschaft gegenüber der Mehrheit aus, die reflexartig auch den Gläubigern zugute kommen. Die Gläubiger können sich diesen Anspruch pfänden und zur Einziehung überweisen lassen.

Zur Verstärkung des Gläubigerschutzes wird vom BGH[235] und von einer Reihe von Autoren[236] den GmbH-Gläubigern ein eigenes Klagerecht eingeräumt. Dieses Klagerecht wird für den Fall der konzernabhängigen GmbH

---

234 ZHR, 148 (1984), S. 419
Rowedder-Koppensteiner, Anh. § 52 RdNr. 37, 51a, der aus den §§ 311, 317 AktG einen allgemeinen Rechtsgedanken dergestalt herleitet, daß grundsätzlich ein Schädigungsverbot des herrschenden Unternehmens unabhängig vom Vorhandensein außenstehender Gesellschafter bestehe; siehe dazu auch Assmann, JZ 1986, S. 928, 931

235 BGHZ 95, S. 330, 340 -allerdings vorsichtig einschränkend, daß jedenfalls in der mehrgliedrigen GmbH mit außenstehenden Gesellschaftern viel dafür spreche

236 Lutter, ZIP 1985, S. 1425, 1428; Rehbinder, ZGR 1976, S. 386, 394; K. Schmidt, ZGR 1982, S. 455, 475; Schwark, JuS 1987, S. 443; Emmerich/Sonnenschein, S. 376; Emmerich, AG 1987, S. 1, 4 f.; Drüke, S. 123 ff.

diskutiert, obwohl es sich beim Treuepflichtansatz dogmatisch nicht um ein Konzernspezifikum handelt.
Abgesehen von der Tatsache, daß die Treuhandanstalt in der Regel Alleingesellschafterin ist, könnte ein eigener Ersatzanspruch der Gläubiger wegen § 28 a EGAktG möglicherweise auch in dem Ausnahmefall einer mehrgliedrigen GmbH nicht geltend gemacht werden.
Insofern bietet der Ersatzanspruch wegen Treuepflichtverletzungen für die Erfüllung von Sozialplanverbindlichkeiten regelmäßig keine Möglichkeit, das Vermögen der Treuhandanstalt haftbar zu machen.

V. Vorläufiges Ergebnis

Aufgrund der obigen Ausführungen eröffnet nur die analoge Anwendung der §§ 302, 303 AktG den Arbeitnehmern die Möglichkeit, zwecks Erfüllung ihrer Sozialplanansprüche auf die Treuhandanstalt zurückzugreifen. Seit der Video-Entscheidung des BGH bestehen diesbezüglich auch keine Bedenken[237] mehr im Falle einer Einmann-GmbH. In den häufigsten Fällen ist ein qualifizierter faktischer Konzern zwischen Treuhandanstalt und Treuhandunternehmen jedoch abzulehnen, so daß das Konzernrecht nur in Einzelfällen eine Haftung der Treuhandanstalt für Sozialplanverpflichtungen zu begründen vermag. Auch die von Weimar wiederholt geäußerte Prognose, daß die Treuhandanstalt diesen Haftungsrisiken verstärkt ausgesetzt sei, sobald eine Vielzahl ihrer Unternehmen privatisiert sind, hat sich durch die TBB-Entscheidung insofern relativiert, als daß es nunmehr ausdrücklich nicht allein auf die dauernde und umfassende Leitung ankommt, sondern die Beeinträchtigungen der abhängigen Gesellschaft konkret aufzuzeigen sind. Unter Berücksichtigung dieses Hintergrundes ist die Bedeutung des § 28 a EGAktG für die konzernrechtlichen Haftungsrisiken der Treuhandanstalt zu überprüfen. Zuvor soll jedoch der Frage nachgegangen werden, ob sich die Konzerneigenschaft von Treuhandanstalt und Treuhandunternehmen möglicherweise auf die Sozialplandotierung auswirkt.

---

237 im Autokran-Urteil äußerte der BGH noch erhebliche Bedenken an der Anwendbarkeit des § 302 AktG bei der Einmann-GmbH, ließ aber die Frage letztendlich offen, da er einen Anspruch analog § 303 AktG herzuleiten vermochte

C. Der Sozialplan im Konzern

Die bisherigen Erörterungen haben gezeigt, daß die Treuhandanstalt mit ihren Treuhandunternehmen als Konzern, im Einzelfall auch als qualifizierter Konzern, einzustufen ist. Im Anschluß an diese Qualifizierung stellt sich zwangsläufig die weitere Frage, ob bzw. unter welchen Voraussetzungen der Konzern neben einer Haftung auch als Grundlage für die Beurteilung der wirtschaftlichen Vertretbarkeit bei der Sozialplandotierung herangezogen werden kann.[238] An sich kommt in § 112 Abs. 5, S. 1 BetrVG deutlich zum Ausdruck, daß die wirtschaftliche Vertretbarkeit eines Sozialplans auf das Einzelunternehmen bezogen ist; das entspricht dem im Recht der verbundenen Unternehmen geltenden Trennungsprinzip.[239]

Die Frage nach einem sog. Berechnungsdurchgriff taucht natürlicherweise immer dann mit aller Deutlichkeit auf, wenn das eigentlich verpflichtete Unternehmen die Nachteile der betroffenen Arbeitnehmer nicht mehr auszugleichen vermag[240]. In dieser Situation befinden sich vielfach die Treuhandunternehmen. Auch die Richtlinien der Treuhandanstalt geben auf die Frage, ob und in welchem Umfang die Konzernlage für die Bemessungsgrundlage des Sozialplans Bedeutung hat, keine Antwort, gleichwohl sie konkrete Angaben zur Berechnung eines frei finanzierten und eines von der Treuhandanstalt zu finanzierenden Sozialplans enthalten. Diese Berechnungsanleitungen sind jedoch unabhängig von dem Vorliegen eines Konzernverhältnisses an die Treuhandunternehmen weitergegeben worden und entfalten keine bindende Wirkung.[241]

Im folgenden soll daher untersucht werden, unter welchen Voraussetzungen die Konzernlage für die Sozialplandotierung maßgeblich ist.

---

238 bejahend für den Treuhandkonzern Däubler, AiB 1990, S. 503, 506

239 für die GmbH ergibt sich dies aus § 13 GmbHG

240 Drukarczyk, RdA 1986, S. 115 ff.

241 vgl. dazu nochmals die Ausführungen in Kapitel 1 C II 2

In der Literatur[242] besteht weitgehend Einigkeit darüber, daß im Zusammenhang mit der Sozialplandotierung die wirtschaftliche Lage des Konzernverbandes bzw. die der Konzernspitze mitzuberücksichtigen ist. Umstritten ist aber, unter welchen Voraussetzungen und mit welchen Folgen eine solche Durchbrechung des Trennungsprinzips zugunsten der Einheitsbetrachtung erfolgen kann und muß. Teilweise wird das Vorliegen eines einfachen Konzerns für ausreichend erachtet.[243] Nach anderer Meinung ist eine konzernweite Vermögenszurechnung ohne einen Eingliederungs,-Gewinn-oder Beherrschungsvertrag nicht denkbar.[244] Eine vermittelnde Ansicht stellt auf den Einzelfall ab, wobei die Stellung des abhängigen Unternehmens im Konzernverbund entscheidendes Kriterium sein soll.[245]
In der Rechtsprechung ist diese Problematik bisher nur ansatzweise behandelt worden und zwar im Rahmen der Betriebsrentenanpassung nach § 16 BetrAVG. Auch in jüngster Zeit war diese Vorschrift im Zusammenhang mit einer Konzernlage Gegenstand von Entscheidungen des BAG.[246] Daher soll im folgenden zunächst auf diese vergleichbare Rechtsprechung eingegangen und die dort entwickelten Grundsätze einer konzernweiten Betriebsrentenanpassung herausgearbeitet werden.

---

242 vgl. zum Ganzen Hanau, 1984, S. 468, 492; Henssler, S. 147; v. Hoyningen-Huene, RdA 1986, S. 86, 102, 111; Windbichler, S. 412 ff.; Martens, ZGR 1984, S. 417; dagegen verzichtet Löwisch, BetrVG, § 112, wie auch Fabricius, BetrVG, § 112, 112 a völlig auf eine Kommentierung "Sozialplan und Konzern".

243 Däubler, Arbeitsrecht 2, S. 572 f.; Däubler/Kittner-Däubler, BetrVG, §§ 112, 112 a RdNr. 114; Stege/Weinspach, BetrVG §§ 111, 113 RdNr. 141

244 Fitting/Auffarth/Kaiser/Heither, BetrVG, §§ 112, 112 a RdNr. 32 b; Galperin/Löwisch, § 112 RdNr. 101 a

245 v. Hoyningen-Huene, RdA 1986, S. 102, 112; Dietz/Richardi, BetrVG, § 112 RdNr. 173

246 BAG, AG 1993, S. 380 f.

II. Die Rechtsprechung des BAG zu § 16 BetrAVG im Zusammenhang mit einer Konzernlage

Das BAG hat schon mehrfach im Rahmen des § 16 BetrAVG Gelegenheit gehabt, sich mit der Frage auseinanderzusetzen, ob bei Beurteilung der wirtschaftlichen Lage auch die wirtschaftliche Lage des Konzerns eingeschlossen werden kann.

1. Urteil vom 18.05.1981

Erstmals hatte es diese Frage in der Entscheidung vom 19.05.1981[247] zu beantworten. Darin nannte das BAG drei Konstellationen, die eine Berücksichtigung der Konzernlage möglicherweise erfordern. Neben dem Vorliegen eines besonderen Vertrauenstatbestandes[248, 249] hat das BAG in dieser Entscheidung zwei Sachverhalte als denkbar erwogen, die zwar unterschiedlich gelagert sind, aber beide eine starke konzernpolitische Einflußnahme auf das konzernabhängige Unternehmen beinhalten. Dies soll zum einen dann der Fall sein, wenn neben einem Beherrschungs- und Gewinnabführungsvertrag die wirtschaftliche Abhängigkeit des beherrschten Unternehmens so vollständig ist, daß dessen wirtschaftliche Lage für den Rechtsverkehr überhaupt nicht zählt.[250]

Ferner kommt für das BAG ein solcher Zurechnungstatbestand in Betracht, wenn die wirtschaftlichen Schwierigkeiten des abhängigen Unternehmens das Ergebnis einer einseitig benachteiligenden Konzernpolitik sind, also das In-

---

247 BAG, AP Nr. 13 zu § 16 BetrAVG; dazu Gitter, SAE 1982, S. 182 ff.

248 ein besonderer Vertrauenstatbestand soll nach BAG, AP Nr. 13 zu § 16 BetrAVG (unter III 1 der Gründe) dann vorliegen, wenn die Versorgungszusage oder ihre Begleitumstände ergeben, daß hinter der erteilten Zusage der ganze Konzern stehen soll; hierbei handelt es sich nicht um eine Rechtsfigur, welche in irgendeiner Weise notwendig den Konzern voraussetzt. Für den Treuhandkonzern ist dieser Tatbestand ebenfalls ohne Bedeutung, da die Treuhandanstalt weder ein entsprechendes Erklärungsverhalten abgegeben hat, noch der Treuhandkonzern organisatorisch so ausgestaltet ist, daß aus der Sicht der Arbeitnehmer ein einheitliches Unternehmen vorliegt.

249 In diesem Zusammenhang sei auch auf die Entscheidung des BAG, AP Nr. 1 zu § 242 BGB Ruhegehalt-Konzern hingewiesen, bei der eine Haftung der Tochtergesellschaft angenommen wurde, weil ein konzernweiter Vertrauensschutz geschaffen wurde.

250 vgl. dazu auch die Anmerkung von Timm, AR-Blattei, Betriebliche Altersversorgung, Entscheidungen 86/92

teresse der Gesellschaft grundsätzlich dem Konzerninteresse untergeordnet wurde.[251]

2. Urteil vom 14.02.1989[252]

Das BAG hat auch in dieser Entscheidung als wesentliches Kriterium für eine Gesamtheitsbetrachtung der Konzernlage die enge wirtschaftliche Verknüpfung der Unternehmen genannt und dabei ausdrücklich auf das Urteil aus dem Jahre 1981 Bezug genommen.[253] Danach muß die wirtschaftliche Abhängigkeit des beherrschten Unternehmens so vollständig sein, daß dessen Lage für den Rechtsverkehr überhaupt nicht mehr zählt. Eine entsprechende Einflußnahme und Bestimmung des wirtschaftlichen Handelns wird dabei vom BAG bei Vorliegen eines Gewinn-oder Beherrschungsvertrages vermutet. Dabei wurde auf die Rechtsprechung des BGH zum qualifizierten faktischen Konzern verwiesen.[254] In Anlehnung an diese Rechtsprechung wurde der beklagten Gesellschaft aber ein Entlastungsbeweis zugestanden. Danach soll eine Gesamtbetrachtung des Konzerns dann ausscheiden, wenn von der Konzernspitze nachgewiesen wird, daß das abhängige Unternehmen entweder unbeeinflußt handeln konnte oder trotz Einbindung so handelte, wie es unter Wahrung der eigenen Interessen als selbständige Gesellschaft geschehen wäre.[255] Insbesondere durch die Möglichkeit dieses Entlastungsbeweises forderte das BAG auch in dieser Entscheidung ein zusätzliches Merkmal im Vergleich zu den Voraussetzungen, die im Vertragskonzern zu der Verlustausgleichspflicht und dem Direktanspruch gegen die Konzernobergesellschaft führen.

---

251 BAG, AP Nr. 13 zu § 16 BetrAVG am Ende

252 BAG, NZA 1989, S. 844 f.; dazu Gitter, SAE 1990, S. 60 f.

253 BAG, AP Nr. 13 zu § 16 BetrAVG

254 namentlich auf die Autokran-Entscheidung, BGHZ 95, S. 330 ff. = NJW 1986, S. 188 ff.; da nur ein isolierter Gewinnabführungsvertrag vorlag, erfolgte die Berufung zu Unrecht.

255 so ausdrücklich Leitsatz 5 des Urteils vom 14.02.1989 (NZA 1989, S. 444); der BGH geht jedoch schon in der Tiefbau-Entscheidung vom 20.02.1989, NJW 1989, S. 1800, 1802 nicht mehr von dieser Vermutungswiderlegung aus.

3. Urteil vom 18.04.1989[256]

Diesem Sachverhalt lag im Gegensatz zu den beiden erstgenannten Entscheidungen kein Beherrschungs- oder Gewinnabführungsvertrag[257] zugrunde. Gleichwohl bejahte das BAG auch hier eine konzernweite Betrachtung der wirtschaftlichen Lage und stützte sich in seiner Begründung wiederum auf die enge wirtschaftliche Verknüpfung der beteiligten Unternehmen. Die organisatorische Struktur des abhängigen Unternehmens und deren wirtschaftliche Betätigung seien speziell auf die Bedürfnisse des Konzerns zugeschnitten. Die abhängige Gesellschaft gleiche dabei einer rechtlich verselbständigten Betriebsabteilung und sei aus eigener Kraft nicht lebensfähig.[258] Auch hier wird vom BAG auf einen typischen Begriff aus dem qualifizierten faktischen Konzern zurückgegriffen. Diese Entscheidung beinhaltet gleichzeitig eine neue Variante dahingehend, daß nicht nur die günstige, sondern auch die schlechte wirtschaftliche Lage des Konzerns berücksichtigt werden kann. Sie zeigt außerdem, daß die vollständige wirtschaftliche Abhängigkeit[259] nicht lediglich ein zusätzliches Merkmal zum Vertragskonzern sein soll, sondern diesem eine eigenständige und wichtige Bedeutung zukommt.[260] Dies wird in der nachfolgenden Entscheidung ausdrücklich bestätigt.

4. Urteil vom 28.04.1992[261]

Das BAG hält auch hier daran fest, daß die Intensität der wirtschaftlichen Verflechtung entscheidendes Kriterium ist, wann bei der Anpassungsprüfung im Rahmen des § 16 BetrAVG maßgeblich auf die wirtschaftliche Lage des Konzerns bzw. der Konzernspitze abzustellen ist.[262]Daraus ergibt sich, daß das

---

256 BAG, NZA 1989, S. 845 ff.

257 Das BAG hat in dieser Entscheidung pauschal und ohne nähere Begründung den Beherrschungsvertrag mit dem isolierten Gewinnabführungsvertrag in seiner Auswirkung gleichgesetzt;

258 BAG, NZA 1989, S. 845, 848

259 in der Entscheidung vom 14.02.1989 wird dieses durch die Formulierung "im Rechtsverkehr überhaupt nicht zählt", in der Entscheidung vom 18.04.1989 durch die Formulierung "Führung wie eine Betriebsabteilung" umschrieben.

260 siehe dazu auch die Ausführungen von Nick, Konzernbetriebsrat und Sozialplan im Konzern, S. 232 ff. der insbesondere die fehlende Differenzierung zwischen Vertragskonzern und qualifiziertem faktischen Konzern bemängelt und eine solche selber vornimmt.

261 BAG, AG 1993, S. 380 ff.

262 BAG AG 1993, S. 380, 381

BAG auch weiterhin einen Unternehmensvertrag allein nicht als ausreichend erachtet, sondern in diesem Fall lediglich eine starke wirtschaftliche Abhägigkeit des beherrschten Unternehmens vermutet.
Darüberhinaus enthält diese Entscheidung erstmals eine deutliche Aussage zur Gleichstellung von Vertragskonzern und qualifiziertem faktischen Konzern.[263] Die wirtschaftliche Abhängigkeit sei bei dauernder und umfassender Leitung des beherrschten Unternehmens durch das herrschende dieselbe wie bei Vorliegen eines Unternehmensvertrages. Im übrigen gelte für die Anpassungsprüfung das entsprechend, was der BGH zur Haftung des herrschenden Unternehmens für die Verbindlichkeiten des beherrschten ausgeführt hat.[264]

Insoweit knüpft das BAG zur Feststellung der Voraussetzungen, die es an den sog. Berechnungsdurchgriff stellt, an den gleichen Begriff an wie der BGH (so wurde zumindest die Rechtsprechung des BGH bis zur TBB-Entscheidung interpretiert) zur Feststellung eines sog. Haftungsdurchgriffs. Dies bedeutet im Ergebnis und unabhängig von der TBB-Entscheidung des BGH jedoch noch keine Identität der Voraussetzungen, da das BAG und der BGH mit dem Begriff der dauernden und umfassenden Leitung unterschiedliche Vermutungen verbinden bzw. verbunden haben. Bei der Frage der konzernweiten Rentenanpassung beinhaltet dieser Begriff ein Indiz dahingehend, daß die Tochtergesellschaft von der Konzernobergesellschaft vollständig wirtschaftlich abhängig ist. Der BGH dagegen schien bei dauernder und umfassender Leitung zu vermuten, daß dem abhängigen Unternehmen durch Verletzung der eigenen Interessen Nachteile entstanden sind, die durch Einzelmaßnahmen nicht kompensiert werden können.[265] Hier ist aber nicht zu verkennen, daß die Verletzung der Eigeninteressen der abhängigen Gesellschaft am ehesten bei einer starken konzernpolitischen Einflußnahme vorkommen wird. Insofern hat das BAG mit dieser Entscheidung eine im Grundsatz sinnvolle Annäherung des Arbeitsrechts an das Gesellschaftsrecht herbeigeführt. Dies gilt nicht in gleichem Maße für den Vertragskonzern, da hier eine Verlustausgleichspflicht bereits bei Vorliegen eines Beherrschungs- und Gewinnabführungsvertrages eintritt. Bei der konzernweiten Rentenanpassung kommt dem gleichen Unternehmensvertrag jedoch lediglich eine widerlegbare Indizwirkung zu.

---

263 so ausdrücklich der Leitsatz 2 des Urteils, AG 1993, S. 380

264 BAG, AG 1993, S. 381; ausdrücklich wird dabei auf die Entscheidungen Autokran, Tiefbau und Video verwiesen

265 Stimpel, AR-Blattei, Betriebliche Altersversorgung, Entscheidungen 219, begrüßt ausdrücklich die einheitliche Rechtsanwendung im Handels- und Arbeitsrecht; so auch Nick, S. 233, 234

Insbesondere durch diese ausdrücklich gewollte Anlehnung an die BGH-Rechtsprechung stellt sich hier die weitergehende Frage, inwieweit der Begriff "wirtschaftliche Abhängigkeit" als taugliche und erforderliche Voraussetzung für eine konzernweite Rentenanpassung dienen kann. Diese Frage stellt sich noch elementarer nach der TBB-Entscheidung[266], in der der BGH nunmehr in aller Deutlichkeit die konzernrechtliche Haftung ausschließlich auf die Verletzung der Eigeninteressen und nicht auf die dauernde und umfassende Leitung der abhängigen Gesellschaft stützt; diese soll nicht einmal die Vermutung des für die Haftung ausschlaggebenden Tatbestands begründen.[267] Diese Frage ist andererseits nur im Zusammenhang mit der Prüfung, ob und inwieweit die Einbeziehung eines zweiten Vermögens zur Ermittlung einer Verbindlichkeit einer besonderen Legitimation bedarf, zu beantworten.

III. Anpassung im Konzern und Erforderlichkeit eines besonderen Zurechnungsgrundes

1. Notwendigkeit einer Legitimation für die Mitberücksichtigung der Konzernlage

Das Bundesarbeitsgericht geht mit seiner oben dargestellten Rechtsprechung von der Rechtsfolge her über das aktienrechtliche Verlustausgleichsrecht hinaus und beinhaltet insoweit eine Verbesserung, die eines besonderen Rechtsgrundes bedarf.[268] Das wird ganz deutlich, wenn man sich den Fall vergegenwärtigt, daß aufgrund des § 302 AktG das abhängige Unternehmen keine Verluste erleidet, aber zu Anpassungsleistungen dennoch nicht verpflichtet ist, da das ausgeglichene Ergebnis keinen Gewinn ergibt und somit keine ausreichende Ertragslage vorhanden ist. Bejaht man hier eine Rentenanpassung unter Einbeziehung der Ertragslage des Konzerns, so erhöht sich zwangsläufig auch die Verlustausgleichspflicht des herrschenden Unternehmens, da die abhängige Gesellschaft die Verbindlichkeiten selber gar nicht erfüllen

266 BAG, AG 1993, S. 380 ff.

267 BGH ZIP 1993, S. 589, Leitsatz 2

268 so auch Konzen, RdA 1984, S. 65, 72; Stimpel, AR-Blattei, Betriebliche Altersversorgung, Entscheidungen 219

kann.[269, 270] Man zieht also zunächst die Ertragslage des Konzerns heran, um eine erhöhte Verbindlichkeit der Tochtergesellschaft zu begründen, für welche das herrschende Unternehmen letztendlich wieder einzustehen hat.
Die Normstruktur des § 16 BetrAVG selber bietet keine Legitimation für die Einbeziehung eines weiteren Vermögens. Einen Zurechnungsgrund bietet aber möglicherweise die Intention des § 16 BetrAVG.[271] § 16 BetrAVG knüpft die Anpassung der Renten an die Ertragskraft des verpflichteten Unternehmens. Im Falle eines Vertragkonzerns oder qualifizierten faktischen Konzerns bestehen jedoch nahezu unbeschränkt rechtlich abgesicherte Einflußmöglichkeiten des herrschenden Unternehmens auf die abhängige Gesellschaft, daß der wirtschaftliche Status der Tochter weitestgehend der Disposition der Muttergesellschaft unterworfen ist. Eine isolierte Betrachtung der Ertragskraft des eigentlich anpassungsverpflichteten Unternehmens wäre somit nicht sachgerecht, da einer Fremdsteuerung durch den Konzern keinerlei Rechnung getragen werden könnte. Auf der anderen Seite sind die Arbeitnehmer, insbeondere was die betrieblichen Sozialleistungen anbelangt, mit dem Vermögensschicksal der abhängigen Gesellschaft stärker verbunden als jeder andere Gläubiger. Eine Anpassung der Renten kann daher nicht verweigert werden, wenn aufgrund des Konzerneinflusses, der bei anderen Normen ausreichend mit einer Haftung ausgeglichen wird, keine ausreichende Ertragskraft beim eigentlich anpassungsverpflichtetem Unternehmen mehr vorhanden ist. Insofern ist eine Kompensation der konzernspezifischen Gefahren, die sich in der schlechten wirtschaftlichen Lage verwirklicht haben, über die

269 ob das BAG dieses Ergebnis insgesamt so gesehen hat, bleibt zweifelhaft, da es die Frage, wie es zu rechtfertigen ist, über das aktienrechtliche Verlustausgleichsrecht im oben dargelegten Sinne hinauszugehen, nicht thematisiert hat.

270 Insbesondere Timm, AR-Blattei, Betriebliche Altersversorgung, Entscheidungen 86/92, macht weitere methodische Bedenken geltend. Tatbestand und Rechtsfolge würden in unzulässiger Weise miteinander verknüpft, da die Haftung für bereits entstandene Verbindlichkeiten auch bei der Ermittlung von Verbindlichkeiten miteinfließt. Letztendlich setzt sich aber auch Timm über diese Bedenken hinweg und bejaht grundsätzlich eine konzernweite Rentenanpassung bei Vertragskonzern und qualifiziertem faktischen Konzern

271 so im Ergebnis auch Timm, AR-Blattei, Betrieblche Altersversorgung, Entscheidungen 86/92; Stimpel, AR-Blattei, Betriebliche Altersversorgung, Entscheidungen 219

Einbeziehung der Ertragslage des Konzerns oder Konzernmutter zu rechtfertigen.[272]

2. "Vollständige, wirtschaftliche Abhängigkeit" als taugliche Voraussetzung einer konzernweiten Anpassungsprüfung?

Insofern betont das BAG zurecht, daß allein die Beherrschung eines abhängigen Unternehmens eine konzernorientierte Rentenanpassung nicht ermöglicht und fordert zusätzlich das Merkmal der vollständigen wirtschaftlichen Abhängigkeit. Die obigen Ausführungen haben gezeigt, daß eine konzernweite Anpassungsprüfung nur dann gerechtfertigt ist, wenn sich konzernspezifische Gefahren tatsächlich realisiert haben[273], denn die Befürwortung eines Berechnungsdurchgriffs bei schlechter Ertragslage des anpassungsverpflichteten Arbeitgebers führt fast zwangsläufig zur "Haftung" des Konzerns. Durch die Einbeziehung der guten konzernrechtlichen Ertragslage entsteht eine Erhöhung der Betriebsrenten, welche nicht mit der wirtschaftlichen Leistungsfähigkeit des abhängigen Unternehmens übereinstimmt und unter Beachtung der Grenzen des § 16 BetrAVG nicht zu finanzieren ist. Dadurch steigt in der Regel der vom Unternehmen zu finanzierende Verlustausgleich (z.B. nach § 302 AktG). Im Extremfall hat das herrschende Unternehmen über den Direktanspruch des § 303 AktG aufgrund ihres Vermögens für erhöhte Ansprüche direkt zu haften.
Der Begriff der vollständigen wirtschaftlichen Abhängigkeit vermag jedoch nicht den Nachweis im oben dargelegten Sinne zu erbringen. Wirtschaftliche Verflechtung bzw. wirtschaftliche Abhängigkeit beinhaltet zunächst lediglich eine starke konzernpolitische Einflußnahme. Die Nachteile aus der Konzernlage ergeben sich aber primär nicht aus der Intensität der Einflußnahme des herrschenden Unternehmens, sondern kommen in der Verletzung der Eigeninteressen und der daraus resultierenden Verluste des abhängigen Unternehmens zum Ausdruck. Insofern liegt auch bei der konzernweiten Rentenanpassung der eigentliche Ansatzpunkt beim Nachweis entstandener Verluste, ohne

---

272 so auch Stimpel, AR-Blattei, Betriebliche Altersversorgung, Entscheidungen 219; Schartel, Rechtsprobleme unternehmensübergreifender Sozialplandotierung, S. 111; anders Nick, S. 235 ff., der die Notwendigkeit einer Mitberücksichtigung der Konzernlage allein auf die Möglichkeit einer umfassenden Einflußnahme stützt.

273 andere Meinung Nick, S. 235 ff., der eine generelle Mitberücksichtigung der Konzernlage bei einem Vetragskonzern und einem qualifizierten faktischen Konzern wegen der vielfältigen Einflußmöglichkeiten bejaht.

daß sich der insgesamt zugefügte Nachteil durch Einzelausgleichsmaßnahmen kompensieren ließe.[274]

Dieses Merkmal würde sich außerdem mit den Voraussetzungen des qualifizierten faktischen Konzerns decken und insoweit einen erstrebenswerten Gleichklang zwichen Gesellschafts- und Arbeitsrecht herbeiführen.[275] Im Ergebnis ist ein Berechnungsdurchgriff nur dann sinnvoll, wenn gleichzeitig mindestens die Erfordernisse für einen Rückgriff auf den Träger des einbezogenen Vermögens möglich ist. Insbesondere dieser Gleichklang ist jedoch bei einem Festhalten an dem Kriterium wirtschaftliche Abhängigkeit gefährdet. Dies gilt zwar nicht für den Vertragskonzern, da hier eine Verlustausgleichspflicht bzw. eine Haftung lediglich an den Unternehmensvertrag gekoppelt ist. Hier stellt die wirtschaftliche Abhängigkeit ein zusätzliches Merkmal dar, welches auch erforderlich ist, da nach der Rechtsprechung des BAG[276] dem Konzern noch die Möglichkeit der Widerlegung des etwaig vermuteten negativen Konzerneinflusses bleibt. Die Konzerngesellschaft ist entlastet, wenn sie nachweisen kann, daß die wirtschaftlich nicht ausreichende Lage lediglich auf dem normalen Markt- und Unternehmensrisiko beruht. Anders kann sich die Sachlage jedoch dann darstellen, wenn nicht ein Vertragskonzern, sondern ein qualifizierter faktischer Konzern vorliegt. In der TBB-Entscheidung[277] bringt der BGH eindeutig zum Ausdruck, daß eine qualifizierte Beherrschung, wie beispielsweise die dauernde und umfassenden Leitung des abhängigen Unternehmens oder das Führen wie eine Betriebsabteilung, eine analoge Anwendung der §§ 302, 303 AktG allein nicht rechtfertigen. Nichtmals eine Vermutung des eigentlichen Haftungsgrundes, der in der Verletzung der Eigeninteressen des Konzerntochterunternehmens läge und durch Einzelmaßnahmen nicht kompensiert werden könne, würde dadurch ausgelöst.[278]

Auf der anderen Seite deckt sich das Erfordernis der witschaftlichen Abhängigkeit zwar vielfach mit einer dauernden und umfassenden Leitung, erbringt

274 zu recht wird dagegen von Nick, S. 235 ff. angemerkt, daß ein derartiger Nachweis, insbesondere nach möglicherweise jahrelanger Einflußnahme auf das abhängige Unternehmen, schwer zu führen ist; so auch Stimpel, AR-Blattei, Betriebliche Altersversorgung, Entscheidungen 219

275 Konzen, RdA 1984, S. 65, 75; Windbichler, S. 247; Hanau, Gutachten zum 54. DJT, S. E 48, wo unter Forderung der Kongruenz von Zurechnungs- und Haftungsdurchgriff darauf geachtet wird, daß auch eine Zahlungspflicht des herrschenden Unternehmens begründbar ist.

276 so wieder bestätigend die jüngste Entscheidung des BAG, NJW 1993, S. 1200 ff.

277 BGH NJW 1993, S. 1200 ff.

278 BGH NJW 1993, S. 1200 ff., siehe Tenor Leitsatz 2

aber nicht den vom BGH erwarteten Nachweis, daß aufgrund des Konzerneinflusses dem abhängigen Unternehmen tatsächlich Verluste entstanden sind bzw. daß sich die schlechte wirtschaftliche Lage als Ergebnis einer benachteiligenden Konzernpolitik darstellt.
Insofern ist ein Festhalten an dem Begriff der wirtschaftlichen Abhängigkeit oder Verflechtung auch aus diesem Gesichtspunkt heraus abzulehnen, da ansonsten möglicherweise die Voraussetzungen bezüglich einer konzernweiten Rentenanpassung voliegen, ein Rückgriff auf das herrschende Unternehmen mangels eines Nachweises eingetretener Verluste jedoch verneint werden muß. Für die Frage der Mitberücksichtigung der Konzernlage ist das Erfordernis der wirtschaftlichen Abhängigkeit danach weder nötig noch hilfreich.[279]
Ein zutreffender Ansatzpunkt für die vom BAG befürwortete Anwendung des § 16 BetrAVG im Unternehmensverbund und eine mögliche Rechtfertigung für die von ihm im Ergebnis angenommenen erweiterten Ausgleichspflichten des herrschenden Unternehmens bietet daher der Nachweis entstandener Verluste, die sich durch Einzelmaßnahmen nicht kompensieren lassen.[280] Damit wäre auch gewährleistet, daß zum einen eine konzernweite Rentenanpassung nur dann erfolgt, wenn sich typische Gefahren aus der Konzernverbindung tatsächlich realisiert haben und zum anderen eine Komnpensation derselben zuverlässig durch einen Rückgriff auf das Trägerunternehmen erfolgen kann.[281]

IV. Konzernweite Sozialplandotierung und Grundsätze der konzernweiten Anpassungsprüfung

Als nächstes ist zu prüfen, inwieweit eine Übertragung der herausgearbeiteten Grundsätze zur konzernweiten Rentenanpassung auf eine konzernweite Sozialplandotierung möglich ist.

---

279 Mit diesem Begriff wird auch im Konzernrecht nicht operiert; das gleiche gilt für das Kriterium "Stellenwert im Konzernprogramm" auf das Richardi, Sozialplan, S. 84 abstellt.

280 so im Ergebnis auch Stimpel, AR-Blattei, Betriebliche Altersversorgung, Entscheidungen 219

281 a.A. Junker, ZIP 1993, S. 1599, 1605, der die entsprechende Anwendung der Konzernrechtsprechung ablehnt, da es sich im Fall von § 16 BetrAVG und § 112 Abs. 5 BetrVG nicht um bereits bestehende Verbindlichkeiten handelt.

1. Übertragung der Grundsätze unter Berücksichtigung etwaiger Unterschiede

Bei der Übertragung dieser Grundsätze ist zunächst auf die Vergleichbarkeit beider Normen im Zusammenhang mit einer Konzernlage einzugehen.
Ein Vergleich zwischen den beiden Begriffen wirtschaftliche Lage und wirtschaftliche Vertretbarkeit zeigt, daß diese nicht deckungsgleich sind.[282] Anknüpfungspunkt bei der Frage einer Anpassungsprüfung ist die Ertragslage des Unternehmens. Für die Sozialplandotierung kann auf dieses Kriterium nicht abgestellt werden. Ansonsten müßten sich die Arbeitnehmer häufig mit einem "Null-Sozialplan" zufriedengeben. Eine Betriebsänderung wird vielfach dann vorgenommen, wenn die Rentabilität des Unternehmens erst wieder hergestellt oder gesteigert werden soll.[283] Bei der Beurteilung der wirtschaftlichen Vertretbarkeit ist daher die wirtschaftliche Gesamtlage des Unternehmens unter Berücksichtigung sämtlicher Ressourcen entscheidend. Dies hat allerdings zur Folge, daß der Sozialplan einen tieferen Eingriff in das Vemögen des Unternehmens darstellt.[284] Trotz dieser unterschiedlichen Bewertung stellt sich jedoch in beiden Fällen die gleiche Frage, ob nämlich das einzelne Unternehmen oder der Konzern als Basis für die Zuordnung dieser Kriterien zu dienen hat. Insofern erfolgt bei der Feststellung, ob eine konzernweite Anpassungsprüfung oder Sozialplandotierung in Betracht kommt, dieselbe Prüfung dahingehend, inwieweit der Konzern auf die Ertragslage bzw. auf die wirtschaftliche Gesamtlage des Unternehmens Einfluß genommen hat. Es lassen sich daher die erarbeiteten Grundsätze auch auf die konzernweite Sozialplandotierung anwenden.[285]

Diese kommt also dann in Betracht, wenn eine Einflußnahme des Konzerns auf die für die Dotierung entscheidenden Kriterien gegeben ist. Der Konzerneinfluß muß dabei nachweislich zu Nachteilen des abhängigen Unternehmens geführt haben; abzustellen ist daher nicht primär auf die Intensität des

---

282 vgl. von Hoyningen-Huene, RdA 1986, S. 102, 105, der eine Vergleichbarkeit ebenfalls ablehnt, da mit den Begriffen wirtschaftliche Vetretbarkeit und wirtschaftliche Lage unterschiedliche Ziele verfolgt werden würden.

283 selbst im Falle eines Konkurses ist ein Sozialplan zu erstellen, obwohl von einer Ertragslage nicht mehr vorhanden ist

284 vgl. von Hoyningen-Huene, RdA 1986, S. 102, 109

285 vgl. auch Windbichler, S. 412; weitergehend Hanau, ZGR 1984, S. 468, 490; im Ergebnis ebenso Nick, S. 231, der eine Vergleichbarkeit deshalb annimmt, da die wirtschaftliche Lage für die Frage der wirtschaftlichen Vertretbarkeit ausschlaggebend sei; a.A. Junker, ZIP 1993, S. 1599, 1605

Konzerneinflusses. Erst wenn die schlechte Vermögenssituation des sozialplanpflichtigen Unternehmens auf der Konzernierung beruht, und zwar wegen einer benachteiligenden Konzernpolitik, so ist eine Beurteilung der wirtschaftlichen Vertretbarkeit unter Zugrundelegung der wirtschaftlichen Vertretbarkeit für den Konzern vorzunehmen.[286] Aber auch hier ist die Grenze in entsprechender Anwendung des § 112 Abs. 5 BetrVG zu ziehen.

2. Art der Mitberücksichtigung

Zu klären bleibt, wie die Mitberücksichtigung der Konzernlage erfolgen kann. In der Literatur werden dazu verschiedene Ansatzpunkte diskutiert.

a) Konzernrechtlicher Verlustausgleich als Anknüpfungspunkt für die wirtschaftliche Vertretbarkeit

Möglicherweise bietet die Verlustausgleichspflicht gem. § 302 AktG einen Maßstab für die konkrete Beurteilung der wirtschaftlichen Vertretbarkeit im Konzern. Grundsätzlich werden mit dem Verlustausgleichsanspruch alle während des Beherrschungszeitraums entstehenden und konzernbedingten Verluste[287] ausgeglichen. Ein Vermögensnachteil der abhängigen Gesellschaft, der zur Notwendigkeit einer konzernweiten Sozialplandotierung führen kann, scheint dadurch nicht zu entstehen. Denkbar wäre aber, daß es der Tochtergesellschaft ohne Konzernierung noch besser gegangen wäre, ein Aspekt, der bei der wirtschaftlichen Vertretbarkeit nicht mehr berücksichtigt werden könnte, wenn man allein auf § 302 AktG abstellte. Bei einem unabhängigen Unternehmen wäre dieser Gewinn aber der Sozialplandotierung zugänglich gewesen.[288] Die Verlustausgleichspflicht, beschränkt auf den Jahresfehlbetrag, kann diesen Nachteil also nicht kompensieren.

---

286 Nach der Ansicht von Nick, S. 238, ergibt sich ein weiterer Zurechnungsgrund für die Berücksichtigung der Konzernlage aus den Zwecken des Sozialplans. Diese sollen zum einen durch ihre finanzielle Belastung zu einer langfristigen Personalplanung anhalten und zum anderen bei unvermeidlichen Betriebsänderungen den Arbeitnehmern wenigstens einen sozialen Ausgleich bieten. Eine Konzernleitung, die den arbeitsrechtlichen Auswirkungen ihrer Führung nicht ausgesetzt ist, habe ansonsten keinen Anlaß, die Arbeitnehmerinteressen mitzuberücksichtigen.

287 vgl. Fischer/Lutter/Hommelhoff, Anh. § 13, RdNr. 17; Emmerich/Sonnenschein, § 24 III 3; Blank/Blanke/Klebe u.a. S. 296

288 vgl. etwa Konzen, RdA 1984, S. 65, 77

Für die konkrete Beurteilung der wirtschaftlichen Vertretbarkeit wäre aber auch dann nichts gewonnen, wenn man § 302 AktG dergestalt anwenden würde, daß die durch den Sozialplan bedingten Kosten vom herrschenden Unternehmen immer ausgeglichen werden müßten. Die Unternehmensleitung des abhängigen Unternehmens könnte theoretisch jede Sozialplanzusage erteilen, weil dieses aufgrund des Verlustausgleichsanspruchs gegen die Konzernobergesellschaft nicht insolvent werden kann. Wirtschaftlich betrachtet würde man bei einem derartigen Ansatzpunkt auf das Kriterium wirtschaftliche Vertretbarkeit im Ergebnis vollständig verzichten, zumindest solange, wie die Muttergesellschaft nicht selbst insolvent wird.[289] Anhand von § 302 AktG ist demnach eine konkrete Beurteilung des Kriteriums wirtschaftliche Vertretbarkeit nicht möglich.
Außerdem widerspräche der eben genannte Ansatz dem Gesetzeszweck dieser Vorschrift. § 302 AktG soll bereits entstandene (Bilanz)Verluste, die bei der Tochtergesellschaft entstanden sind, ausgleichen. Sinn der Norm ist daher eine Art Folgenbeseitigung, bildet aber keinen Haftungsgrund.[290] Dieses Bedenken stellt einen weiteren Grund dar, § 302 AktG nicht als Maßstab für die Beurteilung der wirtschaftlichen Vertretbarkeit anzulegen.[291]

b) Der Konzern als Maßstab für die Beurteilung der wirtschaftlichen Vertretbarkeit

Als Maßstab für die wirtschaftliche Vertretbarkeit kommt wohl nur die wirtschaftliche Lage der Konzernspitze in Betracht.[292] Dies gilt auch dann, wenn der Konzern aus insgesamt mehr als zwei Gesellschaften besteht.[293]

---

289 zu dieser Grenze der Verlustausgleichspflicht etwa Acher, Vertragskonzern, S. 14 f.; K. Schmidt, ZGR 1983, S. 269, 280

290 im Ergebnis so auch Stimpel, AR-Blattei, Betriebliche Altersversorgung, Entscheidungen 219

291 so auch Stimpel für den vergleichbaren Fall des § 16 BetrAVG, in: FS Kellermann, S. 423, 427 ff.

292 teilweise wird jedoch auch auf den hypothetischen Gewinn der Tochtergesellschaft abgestellt, so z.B. Konzen, RdA 1984, S. 65, 77; Stimpel, in: FS Kellermann, S. 423, 434; da sich dieser Gewinn praktisch kaum mit hinreichender Sicherheit ermitteln läßt, ist diese Ansicht abzulehnen; so wohl im Ergebnis auch Windbichler, S. 411.

293 so auch Stimpel, AR-Blattei, Betriebliche Altersversorgung, Entscheidungen 219; Nick, S. 243 ff.

Zwar spricht das BAG in einer vergleichbaren Entscheidung vom 28.04.1992 zu § 16 BetrAVG im Leitsatz 1 von der wirtschaftlichen Lage des gesamten Konzerns.[294] In den Urteilsgründen geht das BAG aber selber von der wirtschaftlichen Leistungsfähigkeit des herrschenden Unternehmens aus, ohne auf die Lage innerhalb des Konzernsverbandes einzugehen.
Eine Berücksichtigung der wirtschaftlichen Lage des Gesamtkonzerns ginge über das hinaus, was das gesetzliche Konzernrecht hergibt.

V. Mitberücksichtigung im einfachen faktischen Konzern

Kennzeichen des einfach faktischen Konzerns ist die weitgehend, wenn auch nicht vollständig, erhaltene Autonomie der Tochtergesellschaft.[295] Der Gesetzgeber hat deshalb für den einfach faktischen Konzern auch nur begrenzte gesellschaftsrechtliche Haftungsfolgen vorgesehen, nämlich den Nachteilsausgleich und die Schadensersatzhaftung gem. §§ 311, 317 AktG für nachteilige Weisungen. Die möglichen Nachteile der Abhängigkeit sollen so kompensiert werden, daß die Gesellschaft als unabhängiges Unternehmen weiterbesteht. Über dieses Haftungssystem wird der konzernrechtliche Einfluß ausgeglichen.[296] Zur Berücksichtigung der Konzernspitze bei der Sozialplandotierung ist dagegen eine gravierende und umfassende Schädigung des Tochterunternehmens erforderlich, die durch Einzelmaßnahmen eben nicht kompensiert werden können. Es führt nicht jede konzernrechtliche Verbindung zu einer konzernweiten Überprüfung der wirtschaftlichen Vertretbarkeit.[297]

---

294 so auch schon in der Entscheidung vom 14.2.1989, Leitsatz 3, aber schon anders im Leitsatz 4

295 siehe ausführlich zum Schutz der Gläubiger im einfachen faktischen Konzern, Möhring, S. 230 ff.

296 so etwa auch Konzen, ZHR 151 (1987), S. 566, 587 ff.; Hanau, ZGR 1984, S. 468, 492; Windbichler, S. 414

297 so aber Däubler, Arbeitsrecht 2, S. 573; Henssler, S. 147; Fuchs, S. 114; Säcker, S. 127, 147; differnziernd Nick, S. 251 ff., der dem Sozialplan grundsätzlich dann eine konzerndimensionale Erweiterung zusprechen will, wenn die Betriebsänderung von der Konzernspitze veranlaßt wurde. Allerdings soll auch dann eine Berücksichtigung des Konzerns entfallen, wenn ein unabhängiges Unternehmen die Betriebsänderung vorgenommen hätte.

VI. Ergebnis bzgl. einer konzernweiten Sozialplandotierung

Für die Einbeziehung der Konzernobergesellschaft in die Sozialplandotierung ist ein qualifiziertes Beherrschungsverhältnis nicht ausreichend. Beim Vertragskonzern und beim qualifizierten faktischen Konzern kommt daher eine unternehmensübergreifende Sozialplandotierung nur dann in Betracht, wenn die abhängige Gesellschaft aufgrund des Konzerneinflusses eine breitflächige Schädigung erfahren hat, die durch Einzelmaßnahmen nicht kompensiert werden kann. Mit diesem Erfordernis wird gewährleistet, daß nur konzernbedingte Gefahren ausgeglichen werden, die sich tatsächlich verwirklicht haben. Unter diesen Voraussetzungen ist ebenfalls eine Parallele zwischen Dotierungs- und Haftungsdurchgriff gegeben, die bei Beibehaltung der "vollständigen wirtschaftlichen Abhängigkeit" nicht sichergestellt wäre. Daß damit, zumindest was den Vetragskonzern anbelangt, strengere Anforderungen an den Berechnungsdurchgriff als an die normalen konzernrechtlichen Rechtsfolgen gestellt werden, begründet sich aus der Tatsache, daß die konzernweite Sozialplandotierung eine weitergehende Rechtsfolge darstellt. Dies ist auf der Tatbestandsseite entsprechend zu berücksichtigen. Was den qualifizierten faktischen Konzern anbelangt, so decken sich hier die Anforderungen, die an den Berechnungs- bzw. Haftungsdurchgriff gestellt werden. Dies ist trotz der weitergehenden Rechtsfolge beim Berechnungsdurchgriff auch gerechtfertigt. Im Gegensatz zum Vertragskonzern ergibt sich der konzernrechtliche Haftungsgrund im qualifizierten faktischen Konzern nicht aus dem Vorliegen eines bestimmten Zustands, sondern entscheidend ist die Frage nach der Verursachung der wirtschaftlichen Nachteile des abhängigen Unternehmens. Insofern sind auch beim Haftungsdurchgriff die Anforderungen so streng, daß lediglich dann eine analoge Anwendung der §§ 302, 303 möglich ist, wenn ein nachhaltiger, schädigender Konzerneinfluß nachgewiesen wurde. Unter diesen Bedingungen sind noch weitergehende Voraussetzungen für eine unternehmensübergreifende Sozialplandotierung nicht erforderlich. Denn unter Zugrundelegung des Nachweises entstandener konzernbedingter Nachteile kommt ein konzernweiter Sozialplan nur dann in Betracht, wenn aufgrund des Konzerneinflusses schädigend auf die Dotierungsfaktoren breitflächig eingewirkt wurde.[298]

---

298 In der Literatur wird erwogen, daß eine Mitberücksichtigung der Konzernlage bei Zuständigkeit des Konzernbetriebsrates gem. §§ 54, 58 BetrVG stattzufinden hat. Dies ist jedoch abzulehnen, da die Dotierung sich nicht nach den Zuständigkeiten und Verhandlungspartnern richtet, sondern nach der Einflußnahme auf die wirtschaftliche Gesamtlage des abhängigen Unternehmens, siehe dazu auch v. Hoyningen-Huene, RdA 1986, S. 102, 112

VII. *Übertragung der Grundsätze auf den Treuhandkonzern*

Unter Zugrundelegung der gewonnen Ergebnisse hat nun noch eine Übertragung dieser auf den Treuhandkonzern zu erfolgen. Da der Treuhandkonzern sich in der Regel als faktischer Konzern darstellt, kommt nach der hier zugrundegelegten Ansicht ein konzernweiter Sozialplan kaum in Betracht. In dieser Konstellation bleibt die Tochtergesellschaft ein unabhängiges Unternehmen, deren Nachteile, die konzernbedingt entstehen können, durch Einzelmaßnahmen kompensiert werden.

Stellt sich das Verhältnis zwischen Treuhandanstalt und Treuhandunternehmen im Einzelfall doch als qualifizierter faktischer Konzern dar, rechtfertigt sich eine unternehmensübergreifende Sozialplandotierung dann, wenn ebenfalls die Voraussetzungen für einen Haftungsdurchgriff gegeben sind. Dies ist, insbesondere nach der Klarstellung des BGH in seiner TBB-Entscheidung[299], dann der Fall, wenn aufgrund des dauernden Konzerneinflusses dem abhängigen Unternehmen breitflächig wirtschaftliche Nachteile zugefügt wurden, die mit Einzelmaßnahmen eben nicht ausgeglichen werden können. Die schlechte wirtschaftliche Lage des abhängigen Unternehmens muß ein Ergebnis sein, welches sich aus einer Konzernpolitik ergibt, die die Interessen der abhängigen Gesellschaft denen des Konzerns nachordnet. Insbesondere bei den Treuhandunternehmen ist das Abstellen auf diesen Verursachungsgedanken wichtig, da eine konzerndimensionale Betrachtung der wirtschaftlichen Vertretbarkeit danach nur dann in Frage kommt, wenn die schlechte Vermögenslage des abhängigen Unternehmens einem Verhalten der Treuhandanstalt zugerechnet werden muß. Würde man diesen Verursachungsgedanken ablehnen[300], so bestünde auch bei den Treuhandunternehmen die Gefahr, daß der Kon-

---

299 BGH, NJW 1993, S. 1200 ff.; siehe dazu auch K. Schmidt, ZIP 1993, S. 549 ff.; Kohl, MDR 1993, S. 715 ff.

300 so Nick, S. 235 ff., der bei Vorliegen eines Vertragskonzerns oder qualifizierten faktischen Konzerns jede Frage nach der Verursachung ablehnt

zernspitze eine schlechte wirtschaftliche Gesamtlage des eigentlich verpflichteten Unternehmens zugerechnet würde, die nicht konzernbedingt eingetreten ist.[301]
Nach der hier zugrundeliegenden Auffassung würde eine Erweiterung der wirtschaftlichen Vertretbarkeit auf den Konzern nur dann berechtigt sein, wenn neben einer qualifizierten Beherrschung die schlechte wirtschaftliche Lage des Treuhandunternehmens auf die Einflußnahme der Treuhandanstalt als herrschendes Unternehmen zurückzuführen ist. Allein aufgrund der Konzernzugehörigkeit ist noch kein Nachweis erbracht, daß auf die für die Dotierung ausschlaggebenden Faktoren eingewirkt wurde.

D. Bedeutung des § 28 a EGAktG unter Berücksichtigung der gewonnenen Ergebnisse

Die Vorstellung des Gesetzgebers, § 28 a EGAktG beinhalte lediglich die Klarstellung einer ohnehin schon bestehenden Rechtslage, trifft im Ergebnis nicht zu. Die Treuhandanstalt ist aufgrund ihrer Anteile an den Treuhandunternehmen herrschendes Unternehmn im Sinne des § 17 AktG und bildet einen faktischen Konzern. In Einzelfällen ist auch durchaus ein qualifizierter faktischer Konzern denkbar. Die Neuregelung wirkt damit in jedem Fall konstitutiv[302] und wirft insoweit verschiedene Fragen, insbesondere in verfassungsrechtlicher Hinsicht, auf, auf die noch näher eingegangen werden soll. Vorweg kann jedoch zumindest für den GmbH-Bereich schon gesagt werden, daß unabhängig von den verfassungsrechtlichen Bedenken und den Zweifeln bezüglich des Anwendungsbereichs des § 28 a EGAktG, dessen Bedeutung vergleichsweise gering ausfällt, da die §§ 311 ff. AktG auf den GmbH-Kon-

---

301 ebenfalls eine Zurechnung dann verneinend, wenn feststeht, daß die schlechte wirtschaftliche Lage nicht konzerninduziert ist, BAG, AG 1993, S. 383 ff; siehe dazu auch Windbichler, S. 411; würde man in einem solchen Fall anders verfahren, führte dies zu einer doppelten Sicherung, wie der Konzern sie nicht bieten soll.

302 a.A. Spoerr, Treuhandanstalt und Treuhandunternehmen, S. 398 ff., der eine Konzernhaftung dann für möglich erachtet, wenn die Treuhandanstalt rechtswidrig handelt, da § 28 a EGAktG nur solange eine Haftungsprivilegierung beinhalte, wie die Treuhandanstalt im Rahmen ihres gesetzlichen Auftrags handelt.

zern auch nicht analog anwendbar sind und die Voraussetzungen für den qualifizierten faktischen Konzern nur im Ausnahmefall vorliegen.

I. Verfassungsrechtliche Bedenken

Eine zeitliche Differenzierung ist in § 28 a EGAktG nicht vorgesehen. Deshalb stellt sich hier insbesondere die Frage nach der Verletzung des rechtsstaatlichen Rückwirkungsverbotes. Dieses beinhaltet, daß nicht mehr in einen bereits abgeschlossenen Vorgang regelnd eingegriffen werden darf. Sollte einem Treuhandunternehmen ein konzernrechtlicher Ersatz- bzw. Ausgleichsanspruch gegen die Treuhandanstalt vor Inkrafttreten des § 28 a EGAktG entstanden sein, so bleibt dieser Anspruch von der Neuregelung unberührt. Dies gilt unabhängig davon, ob er gerichtlich geltend gemacht wurde oder nicht. Etwas anderes würde nur dann gelten, wenn die Gläubiger mit dem rückwirkenden Eingriff rechnen konnten und ihn daher berücksichtigen mußten.[303]
Entsprechend den oben dargelegten Erwägungen spricht vieles dafür, die Treuhandanstalt als herrschendes Unternehmen im konzernrechtlichen Sinne zu qualifizieren und bei Vorliegen der übrigen konzernrechtlichen Voraussetzungen von einer entsprechenden Haftung auszugehen.[304] Insofern brauchten die abhängigen Gesellschaften nicht von einer Freistellung der Treuhandanstalt von den Vorschriften über herrschende Unternehmen ausgehen.[305]
Problematisch erscheint die Neuregelung auch im Hinblick auf Art. 3 GG. Jedes Sonderrecht der Treuhandanstalt beinhaltet im Verhältnis zu anderen Anteilseignern, beherrschten Unternehmen und deren Gläubigern eine Ungleichbehandlung.[306]

---

303 vgl. BVerfGE 32, S. 111, 112

304 so auch Weimar, Nachprivatisierungsprobleme, S. 99

305 Timm/Schöne legen § 28 a EGAktG als Freistellung der Treuhandanstalt von den Konzernrechnungslegungsvorschriften aus, ZIP 1992, S. 969, 976

306 Weimar, Nachprivatisierungsprobleme, S. 99; Meilicke, DB 1992, S. 1867, 1872 hält die "Enthaftungsnorm" des § 28 a EGAktG jedenfalls für die Altfälle als mit dem Willkürverbot des Art. 3 GG für schwerlich vereinbar.

II. Anwendung auch auf den GmbH-Konzern?

Nicht gleich ersichtlich ist außerdem, ob § 28 a EGAktG auch für den GmbH-Konzern Geltung beansprucht. Dem Wortlaut nach schließt sie zunächst lediglich die Anwendung der Bestimmungen des Aktiengesetzes über herrschende Unternehmen auf die Treuhandanstalt aus. Da die Mehrzahl der Beteiligungsunternehmen in der Form einer GmbH besteht, wäre die Wirkung allerdings gering. Anknüpfungspunkt des GmbH-Konzernrechts ist aber das Aktiengesetz, welches analog auf den GmbH-Konzern angewandt wird. Zwar hat das GmbH-Konzernrecht eine gewisse Verselbständigung erfahren, daß sich aber nach wie vor auf die analoge Heranziehung des Aktiengesetzes stützt, so daß § 28 a EGAktG auch den Ausschluß der Vorschriften über herrschende Unternehmen für den GmbH- Konzern umfaßt.

Zusammenfassend bleibt also festzuhalten, daß aufgrund einer verfassungsmäßigen Interpretation des § 28 a EGAktG eine Geltung dieser Vorschrift erst für den Zeitraum nach deren Inkrafttreten am 22.07.1992 in Betracht kommt. Der Anwendungsbereich umfaßt aber insoweit auch die Unternehmen, die in der Form einer GmbH betrieben werden.

E. Ergebnis bzgl. einer Konzernhaftung für Sozialplanansprüche

Unter Zugrundelegung der festgestellten Voraussetzungen und Ergebnisse käme auch ohne eine sog. "Enthaftungsnorm"[307] eine konzernrechtliche Haftung der Treuhandanstalt nur in wenigen Fällen in Betracht. In diesen Fällen ist aber auch eine unternehmensübergreifende Sozialplandotierung gerechtfertigt. Die Bedeutung des § 28 a EGAktG ist insofern von vergleichsweise geringer Bdeutung, insbesondere nach der einschränkenden Rechtsprechung des BGH in dem TBB-Urteil[308], der sich das BAG wahrscheinlich anschließen wird. Außerdem entfaltet § 28 a EGAktG bei verfassungsmäßiger Interpretation erst mit Inkrafttreten am 22.07.1992 seine Wirkung.

---

307 so Weimar, DB 1992, S. 1225

308 BGH, NJW 1993, S. 1200 ff.

Kapitel 3
Haftung der Treuhandanstalt aufgrund der sog. Durchgriffshaftung[309]

A. Einleitung

Da sich eine Haftung der Treuhandanstalt für Sozialplanansprüche aufgrund konzernrechtlicher Tatbestände nur selten begründen läßt, kommt letztlich noch die sog. allgemeine Durchgriffshaftung in Betracht. Obwohl es keinen "Generaltatbestand" für die Durchgriffshaftung gibt,[310] ist grundsätzlich deren Möglichkeit in Rechtsprechung und Literatur[311] anerkannt.
Unter Durchgriffshaftung wird allgemein die persönliche Haftung der GmbH-Gesellschafter für Zahlungsverbindlichkeiten ihrer GmbH's in gesetzlich nicht geregelten Fällen verstanden.[312] Sie beruht daher auf einer Durchbrechung des Trennungsprinzips (§ 13 GmbHG),[313] welches auf der einen Seite die Trennung des Gesellschaftsvermögens von dem Vermögen der juristischen Person und auf der anderen Seite die ausschließliche Haftung dieses Gesellschaftsvermögens für Verbindlichkeiten der Gesellschaft beinhaltet. Durchgriffshaftung vollzieht sich also in der Weise, daß die Zahlungsverbindlichkeiten der GmbH auf die Gesellschafter als zusätzliche Schuldner erstreckt werden.[314]

---

309 vorab wird darauf hingewiesen, daß die allgemeine Durchgriffsproblematik von dem konzernrechtlichen Durchgriff zu trennen ist; BGHZ 95, S. 330; KöKo-Kraft, § 1 RdNr. 61

310 die Begriffe des Durchgriffs und der Durchgriffshaftung sind im Gesellschaftsrecht trotz langer Diskussion unscharf geblieben; siehe zum Diskussionsstand die zahlreichen Literaturhinweise bei Drax, Durchgriffs und Konzernhaftung der GmbH-Gesellschafter, S. 2, dort FN 8

311 ausführlich und die Durchgriffshaftung größtenteils befürwortend Blank/Blanke/Klebe u.a. S. 304 und 317 ff.; Heinze, NZA 1987, S. 41, 45

312 statt vieler: Scholz/Emmerich, § 13 RdNr. 55 ff. u. 75 ff.; G. Kuhn, in: FS R. Fischer, S. 350, S. 351

313 Fischer/Lutter/Hommelhoff, § 13 RdNr. 6 ff.; KöKo-Kraft, § 1 RdNr. 38

314 BGHZ 95, S. 330; Hachenburg-Ulmer, Anh. § 30, RdNr. 57

B. Stand der Durchgriffsdiskussion in Literatur und Rechtsprechung

Die dogmatischen Grundlagen des "Durchgriffs" waren von Anfang an umstritten. Die langwierige Diskussion[315] hat schließlich in verschiedenen Durchgriffstheorien geendet, die im folgenden kurz dargestellt werden. Außerdem soll ein Überblick über die in der Rechtsprechung anerkannten Fallgruppen gegeben werden, um anschließend die Möglichkeiten einer Durchgriffshaftung im Zusammenhang mit der Sozialplanproblematik zu erörtern.

I. Theorien zum Durchgriff

Im Widerstreit stehen Theorien des Rechtsmißbrauchs in verschiedenen Variationen[316], die Normzweck- bzw. Normanwendungslehre und einzelne weitere Meinungen.

1. Subjektive Mißbrauchslehre von Serick[317]

Nach der von Serick entwickelten Theorie setzt der Durchgriff einen subjektiv vorwerfbaren Mißbrauch der Rechtsfigur der juristischen Person voraus. Diesen nimmt er insbesondere dann an, wenn mit Hilfe der juristischen Person vertragliche Pflichtverletzungen und fraudulöse Schädigungen Dritter begangen werden.[318] Dieser subjektive Ansatz wird heute in der Rechtsprechung[319] und im Schriftum[320] durchweg als zu eng abgelehnt.[321]

---

315 ausführlich Hachenburg-Mertens, Anh. § 13 RdNr. 28; Nirk, in: FS Stimpel, S. 443, 445; zur historischen Entwicklung Ebenroth, SAG 85, S. 124 ff.

316 Baumbach/ Hueck-Hueck, § 13, RdNr. 10; Rehbinder, in: FS für Fischer, S. 579, 580

317 R. Serick, Rechtsform und Realität ; ders. Durchgriffsprobleme bei Vertragsstörungen

318 Serick, Rechtsform und Realität, S. 203 ff.; Durchgriffsprobleme bei Vertragsstörungen, S. 23

319 der BGH distanzierte sich in BGHZ 68, S. 312, 315 von dem ursprünglichen Erfordernis, daß ein subjektiver Gesichtspunkt vorliegen müsse

320 siehe K. Schmidt, GesellR , S. 175

321 weitere Anhänger hat die subjektive Theorie in Drobnig, Haftungsdurchgriff bei Kapitalgesellschaften,; Bauschke, BB 1975, S. 1322 ff.; Unger, KTS 1959, S. 33 ff.; Hofmann, NJW 1966, S. 1941 ff.

2. Objektive Mißbrauchslehre

Die objektive Theorie fragt nicht nach subjektiver Unredlichkeit.[322] Stattdessen soll es ausreichen, wenn der Gebrauch der juristischen Person gegen die Rechtsordnung verstößt.[323] Bei objektivem Mißbrauch soll das Geschäftsrisiko denjenigen zugewiesen werden, nämlich den Gesellschaftern, die die Unternehmensform mißbrauchen.[324]
Diese beiden erstgenannten Ansätze finden ihren Ursprung in einem eigenständigen institutionellen Verständnis der juristischen Person. Aus diesem Grunde werden sie auch als institutionelle Lehren bezeichnet.[325]

3. Normanwendungs- bzw. Normzwecklehre[326]

Die Normanwendungslehre geht gerade nicht von einer "Wesenhaftigkeit" der juristischen Person aus. Sie ist von vornherein nur soweit zu beachten, als das geltende Recht ihre Anwendung rechtfertigt.[327] Die juristische Person sei nie dazu da, gegen bestehende Grundsätze der Rechts- und Wirtschaftsgrundsätze zu verstoßen. Die Vertreter dieser Lehre betrachten die Problematik des Durchgriffs nur im Rahmen der Wertehierarchie von Normen als Kollisionsproblem durch Abwägung.[328]Im Ergebnis wurde bereits von Müller-Freienfels ein Abstellen auf den Einzelfall und die Bildung von Fall- bzw. Tatbestandsgruppen befürwortet.[329]

---

322 G. Kuhn, in: FS Fischer, S. 351, 354; Erlinghagen, GmbHR 1962, S. 170, 176

323 MünchKomm-Reuter, vor § 21 RdNr. 20; Rheinhardt-Schultz, GesellR, S. 343; G. Kuhn, in: FS Fischer, S. 351, 354; Erlinghagen, GmbHR, S. 170, 176

324 G. Kuhn, in: FS Fischer, S. 351, 354

325 vgl. dazu Hueck, GesellR, S. 331

326 grundlegend Müller-Freienfels, AcP 157, S. 522 ff.; Coing NJW 1977, S. 793; Hachenburg-Ulmer, Anh. § 30 RdNr. 56; Wiedemann, GesellR, S. 219; Stimpel, in: FS Goerdeler, S. 601, 604

327 Raiser, S. 203

328 Müller-Freienfels, S. 537 und 543; vgl. auch Rehbinder, in: FS R. Fischer, S. 579, 581 und 587 f.

329 Müller-Freienfels, S. 522

4. Weitere Ansichten

Neben diesen 3 Theorien gibt es eine Reihe weiterer Lösungsvorschläge, die gegenüber den eben genannten mehr oder weniger eigenständig sind. Die Lehre Rehbinders[330] stellt eine Synthese der objektiven Mißbrauchslehre und der Normzwecklehre dar. Er anerkennt dabei auf der einen Seite den institutionellen Eigenwert der juristischen Person, ordnet aber auf der anderen Seite deren Außenbeziehungen dem allgemeinen Privatrecht zu. Insoweit führt der Durchgriff nach Ansicht Rehbinders nicht generell zur Mißachtung der Rechtspersönlichkeit der juristischen Person, sondern im Einzelfall zur Versagung von Zurechnungspositionen, die vom Trennungsprinzip abweichen. Demgegenüber entwickelte Schanze[331] die Normzwecklehre hin zur totalen Durchlässigkeit der juristischen Person im Rechtsverkehr und versuchte, sich vom Durchgriff zu lösen. Einen grundsätzlich anderen Ansatz vertritt Wilhelm[332], der die Haftungsstruktur durch eine Organhaftung ersetzen will.[333] Ferner finden sich Ansichten, die in vielen Fällen eine Durchgriffshaftung ganz ablehnen, da die entsprechenden Sachverhalte auch über "klassische" Lösungsmethoden zufriedenstellend lösbar seien.[334]

Das Dilemma aller Theorien liegt darin, daß sie keine sicheren Abgrenzungskriterien und damit keine generelle "Haftungslinie" bieten können. Ein geschlossenes Institut des Durchgriffs gibt es also nicht[335], dies wird eindrucksvoll durch die Vielzahl und Mannigfaltigkeit der angebotenen Lösungen aufgezeigt.[336]

---

330 Rehbinder, Konzernaußenrecht und allgemeines Privatrecht, S. 103 ff.; ders., in: FS R. Fischer, S. 579 ff.

331 Schanze, Einmanngesellschaft und Durchgriffshaftung, S. 13 f., 102 ff.

332 Wilhelm, Rechtsform und Haftung, S. 285 ff., 330 ff.

333 Wilhelm, S. 357; ders., in: FS Flume, S. 337

334 K. Schmidt, GesellR, S. 172 ff.; ders., JZ 1970, S. 688, 689 und NJW 1977, S. 1451, 1452; Benne, Haftungsdurchgriff, besonders Zusammenstellung auf S. 202 ff.; vgl. Zusammenstellung bei Schanze, S. 102 ff.; Krause, DB 1988, S. 96, 103 f.

335 Baumbach/Hueck-Hueck, § 13 RdNr. 13; Scholz-Emmerich, § 13 RdNr. 57; Hachenburg -Mertens, Anh. § 13 RdNr. 1

336 ausführliche Auseinandersetzung mit den Theorien bei Wilhelm, Rechtsform und Haftung, S. 285 ff.; Wiedemann, Unternehmensgruppe im Privatrecht, S. 19 f.; Ebenroth, SAG 1985, S. 124, 128

II. Rechtsprechung des BGH zum Durchgriff

Die Rechtsprechung ist keiner dieser Lehren ausschließlich gefolgt, sondern hat im Einzelfall, unter grundsätzlicher, jedoch eng gebundener Anerkennung der Möglichkeit eines Durchgriffs[337], Argumente der verschiedenen Ansätze herangezogen.

Allgemeiner Grundsatz des BGH bei der Behandlung von Durchgriffsfragen ist die streng zu beachtende Trennung von juristischer Person und den Gesellschaftern.[338] Über die Rechtsfigur der juristischen Person "dürfe nicht leichtfertig und schrankenlos hinweggegangen werden".[339]Am Grundsatz der rechtlichen Trennung soll jedoch dann nicht festgehalten werden, wenn die Anwendung dieses Trennungsprinzips zu Ergebnissen führt, die mit Treu und Glauben nicht zu vereinbaren sind, und die Ausnutzung der Verschiedenheit von juristischer Person und den dahinter stehenden Gesellschaftern einen Rechtsmißbrauch bedeuten würde.[340] Was die subjektive Seite anbetrifft, soll der Durchgriff nicht von einem absichtlichen Mißbrauch der Rechtsfigur der juristischen Person abhängen.[341]

Eine streng definierte, theoretische Grundlage zur Behandlung des Durchgriffs hat sich der BGH nicht vorgegeben. Stattdessen versucht er unter Beachtung des Einzelfalls der Vielfalt der Lebensverhältnisse gerecht zu werden.[342] Grundlage für die Durchgriffshaftung sind danach lediglich schwerwiegende Verstöße gegen die Grundsätze von Treu und Glauben, so daß eine Korrektur des Ergebnisses zu Lasten der Gesellschafter geboten ist.[343] Damit wird die Grundlage der Konstruktion in § 242 BGB sowie ihr Ausnahmecha-

---

337 ausdrückliche Anerkennung einer Durchgriffshaftung siehe BGHZ 54, S. 222, 224; BGH WM 1958, S. 460, 461; BGH WM 1974, S. 689

338 BGHZ 20, S. 4, 11; 26, S. 31, 37

339 BGHZ 20, S. 4, 11; BGHZ 26, S. 31, 37; BGHZ, S. 380, 383; BGH DB 1978, S. 1269

340 BGHZ 22, S. 226, 230

341 BGHZ 20, S. 4, 13; 68, S. 312, 315. Die vom 8. Senat in der Entscheidung vom 26.11.1957 (BGH WM S. 460, 462) aufgestellte Voraussetzung eines subjektiven Elements, welches einen Verstoß gegen Treu und Glauben beinhalten müsse, wurde in der folgenden Entscheidungspraxis nicht weiter verfolgt und in einer späteren Entscheidung des gleichen Senats (BGH WM 1977, S. 1449) ausdrücklich zurückgenommen.

342 vgl. Hachenburg-Mertens, Anh. § 13 RdNr. 39

343 BGH, NJW 1957, S. 181, 182; NJW 1960, S. 285, 288; NJW 1977, S. 1499 m.w.N.

rakter deutlich. Insoweit ist grundsätzlich die Trennung zwischen Gesellschaftsvermögen und Privatvermögen zweifelsfrei zu beachten und zwar auch dann, wenn bei normgerechter Verwendung der juristischen Person einem Dritten möglicherweise ein Nachteil entstanden ist. Die Intention des § 13 GmbHG liegt gerade auch in der Möglichkeit der Haftungsbegrenzung.[344]

III. Haftungsdurchgriff und Zurechnungsdurchgriff

Bei Sozialplanansprüchen ist die Frage nach dem Haftungsdurchgriff in der Regel eng gekoppelt mit der Frage nach der Möglichkeit eines Zurechnungsdurchgiffs, in dem bei der Dotierung des Sozialplans ein weiteres Vermögen mit einbezogen wird.
Man findet in der Diskussion um den Durchgriff häufig die Unterscheidung von Haftungs- und Zurechnungsdurchgriff.[345] Die Zurechnungsproblematik bezieht sich hier jedoch in erster Linie auf das Verhältnis der Gesellschafter zu der juristischen Person und umfaßt bspw. die Fragestellung, inwiefern Kenntnisse der Gesellschafter der juristischen Person zuzurechnen sind.[346] Insofern bezieht sich die Zurechnungsproblematik nicht direkt auf die Außerachtlassung des § 13 Abs. 2 GmbHG, so daß eine Abwägung zwischen der Umgehung dieser Vorschrift und dem Zweckwert des Trennungsprinzips nicht vorgenommen werden muß.[347] Wie eine Sozialplandotierung unter Einbeziehung eines weiteren Vermögens einzuordnen ist, muß man wohl von den Auswirkungen für die Gesellschafter her beurteilen. Sicherlich beinhaltet ein derartiger Dotierungsdurchgriff ähnlich wie in den klassischen Zurechnungssachverhalten keine direkte Negierung des § 13 Abs. 2 GmbHG, aber letztlich wird auch hier die Vermögenstrennung zwischen Gesellschafter und juristischer Person aufgehoben. Durch die Dotierung des Sozialplans über die Grenzen der wirtschaftlichen Vertretbarkeit des eigentlich verpflichteten Unternehmens hinaus, werden Wirkungen auch gegen die Gesellschafter herbeigeführt, so daß nicht lediglich ein reines Zurechnungsproblem vorliegt. Insofern kann eine solche Zurechnung nicht unter geringeren Voraussetzungen erfolgen als eine Haftung. Dies beinhaltet daher ebenfalls die Beachtung des

---

344 vgl. Baumbach/Hueck-Hueck, Einleitung RdNr. 3

345 Wiedemann, S. 21; Raiser, § 29 I 1

346 vgl. die Beispiele bei Baumbach/Hueck-Hueck, § 13 RdNr. 16

347 siehe dazu Wiedemann, S. 22

Zweckwerts des Trennungsprinzips.[348] Insoweit sind an den Haftungs- und Bemessungsdurchgriff die gleichen Anforderungen zu stellen.

C. Haftungsrisiken der Treuhandanstalt unter Zugrundelegung der bestehenden Fallgruppen

Die langwierige Diskussion hat unabhängig von den verschiedenen Durchgriffstheorien in der Literatur zur Herausbildung typischer Fallgruppen geführt[349], bei deren tatbestandlicher Erfüllung der Haftungsdurchgriff zulässig sein soll. Die höchstrichterliche Rechtsprechung läßt dagegen eine einheitliche oder wenigstens nach Fallgruppen geordnete Rechtsprechung vermissen, so daß in der Konseqenz die von der Literatur genannten Voraussetzungen nicht zum Durchgriff führen müssen. Ob bzw. welche der Fallgruppen wegen einer Haftung der Treuhandanstalt für Sozialplanansprüche relevant sein könnte, soll nun im einzelnen geprüft werden.

I. Vermögensvermischung als Durchgriffstatbestand

Vermögensvermischung liegt vor, wenn eine Trennung des Gesellschaftsvermögens vom Privatvermögen der Gesellschafter nicht stattgefunden hat und daher eine zuverlässige Zuordnung der Vermögensgegenstände dem einen oder anderen Rechtsträger nicht mehr möglich ist.[350] Die Haftung rechtfertigt sich in diesen Fällen aus dem Gedanken des venire contra factum proprium; die Gesellschafter sollen sich nicht auf das aus der Vermögenstrennung beruhende Haftungsprivileg berufen können, wenn diese von ihnen selbst nicht durchgeführt wird.[351] Das Konzept dieser Durchgriffshaftung setzt keine subjektiven Erfordernisse voraus. Ein Verschulden oder etwa eine Schädigungsabsicht der Gesellschafter wird nicht genannt.

---

348 so auch Wiedemann, S. 22; ders. WM 1975, Sonderbeilage Nr. 4, S. 18, der ebenfalls eine Parallelität der Voraussetzungen für Zurechnungs- und Haftungsdurchgriff befürwortet.

349 Fischer/Lutter/Hommelhoff, § 13 RdNr. 14 ff.; Scholz-Emmerich, § 13 RdNr. 75; Nirk, in: FS Stimpel, S. 443, 453 ff.

350 Blaurock, in: FS Stimpel, S. 553, 559; Nirk, in: FS Stimpel, S. 443, 453; Fischer/Lutter/Hommelhoff, § 13 RdNr. 11

351 Nirk, in: FS Stimpel, S. 443, 453; Raiser, § 29 III 1; Schwark, JuS 1987, S. 443, 445

Der BGH nahm erst in zwei neueren Entscheidungen 1984 und 1985 zu dem Durchgriffstatbestand der Vermögensvermischung konkretisierend Stellung.[352] Darin betont er ausdrücklich, daß für die einscheidende Sanktion einer Durchgriffshaftung nicht lediglich die gegenständliche Vermischung von Vermögensbeständen ausreicht. Begründet sei eine Haftung erst dann, wenn eine Buchführung über Vermögensbestände und laufende Geschäfte fehlt oder derart mangelhaft ist, daß eine eigentumsrechtliche Zuordnung nicht mehr möglich ist. Die deutlich aus den Büchern zu belegende Trennung von Gesellschafts- und Privatvermögen gehöre zu den unverzichtbaren Voraussetzungen für die Beschränkung der Haftung.[353]
Aufgrund dieser Rechtsprechung löst allein die Vereinnahmung von Verkaufserlösen durch die Treuhandanstalt aus dem Verkauf von Gesellschaftsvermögen eine Durchgriffshaftung wegen Vermögensvermischung noch nicht aus. Erst wenn die Bewegungen in das und vor allem aus dem Gesellschaftsvermögen nicht mehr kontrollierbar sind, mag eine Durchgriffshaftung in Betracht kommen.[354] Dieser Sachverhalt kann zunächst nur zu einer Erstattungspflicht nach den §§ 30 ff. GmbHG führen, wenn die Vermögensvermischung das durch das Stammkapital gebundene Vermögen angegriffen hat.
Die Gefahr einer Durchgriffshaftung birgt aber die Novellierung des Vermögensgesetzes, welches der Treuhandanstalt gem. § 2 Abs. 3 VermG eine alleinige und umfassende Vertretungsmacht für die Unternehmen einräumt, an denen sie unmittelbar oder mittelbar alle Anteile hält. Horn[355] weist in diesem Zusammenhang zu recht darauf hin, daß insbesondere im Bereich der Unternehmensverkäufe zu investiven Zwecken nach § 3 a Abs. 1, S. 3 VermG bzw. § 2 InVorG diese alleinige Vetretungsbefugnis dazu führen kann, daß das Vermögen der Treuhandanstalt und der Gesellschaft nicht in ausreichendem Maße getrennt werden. Der Tatbestand bzgl. des zu veräußernden Vermögensgegenstands ist soweit gefaßt, daß die Treuhandanstalt weitreichende Veräußerungen durchführen kann. Sollte die Treuhandanstalt als Gesellschafterin nicht in der Lage sein, Vermögen und Geschäftsbereiche von den Treuhandunternehmen erkennbar zu trennen, so steht einem Haftungsdurchgriff

352 BGH WM 1984, S. 54 = ZIP 1985, S. 29 und BGHZ 95, S. 330, 333, 334

353 In beiden Urteilen lehnte der BGH die Durchgriffshaftung im Ergebnis ab. Bis heute wurde damit in keinem vom BGH entschiedenen Fall die persönliche Haftung der Gesellschafter auf den Tatbestand einer Vermögensvermischung gestützt.

354 BGHZ 95, S. 330, 334

355 Horn, in: Hommelhoff, Treuhandunternehmen im Umbruch, S. 154

nichts im Wege[356]. Das gleiche gilt für einen Dotierungsdurchgriff, der schon wegen der Untrennbarkeit der Vermögen gerechtfertigt ist.

II. Unterkapitalisierung als Durchgriffstatbestand

Die Durchgriffshaftung bei Unterkapitalisierung beruht vereinfacht auf der These, daß die Gesellschafter unbeschränkt persönlich haften, wenn sie eine GmbH gemessen am Geschäftsumfang mit eindeutig unzureichender Kapitalausstattung betreiben und somit das Geschäftsrisiko auf die Gläubiger abwälzen.[357] Diese Fallgruppe ist hinsichtlich ihrer Zulässigkeit und Voraussetzungen problematisch und umstritten.[358] Während in der Literatur zumindest im Ergebnis weitgehend die Unterkapitalisierung als Durchgriffstatbestand anerkannt ist[359], sind die Gerichte meist auf die Schadensersatzhaftung nach § 826 BGB ausgewichen.[360] Diese Fallgruppe gewinnt
im Zusammenhang mit der Treuhandanstalt eine besondere Bedeutung, da die durch Umwandlung entstandenen Gesellschaften meist erhebliche Probleme mit einer ausreichenden Kapitalausstattung haben. Inwiefern auch eine Durchgriffshaftung wegen Unterkapitalisierung für Sozialplanansprüche in Betracht kommt, soll nach Darstellung des derzeitigen Meinungsstandes und anschließender Konkretisierung des Tatbestands Gegenstand der Untersuchung sein.
Zwar fallen die Arbeitnehmer aufgrund der Sozialplanrichtlinien der Treuhandanstalt mit Sozialplanansprüchen auch dann nicht aus, wenn das eigentlich verpflichtete Unternehmen nicht leistungsfähig ist. Diese Richtlinien begründen jedoch keine direkten klagbaren Ansprüche der Arbeitnehmer gegen die Treuhandanstalt, sondern bewirken lediglich eine Selbstbindung derselben.[361] Zum anderen wird durch die Richtlinien noch keine Aussage über die Dotierung der Sozialplanansprüche gemacht. Insoweit ist trotz der Sozialplan-

356 siehe dazu auch Weimar, Nachprivatisierungsprobleme, S. 141, 142

357 so auch Nirk, in: FS für Stimpel, S. 443, 454

358 s. ausführliche Darstellung der Unterkapitalisierung bei Hachenburg-Ulmer, Anh. § 30

359 s. Stimpel, in: FS Goerdeler, S. 603, 607; Drüke, S. 30 ff.

360 Der BGH hat bislang eine Haftung allein wegen Unterkapitalisierung abgelehnt, siehe BGHZ 68, S. 312 ff.=NJW 1977, S. 1449 m.Anm. K. Schmidt und Anm. Emmerich, S. 2163; dagegen in einem obiter dictum BGH NJW 1977, S. 1683, 1686; offenlassend BGH WM 1981, S. 519, 520

361 siehe dazu die Ausführungen in Kapitel 1 C II 2

richtlinien für die Arbeitnehmer von Treuhandunternehmen relevant, ob die Treuhandanstalt möglicherweise im Wege eines Durchgriffs bei Unterkapitalisierung für Sozialplanansprüche haftet.

1. Diskussionsstand in Rechtsprechung und Literatur

Nach dem heutigen Stand der Rechtsprechung hat der BGH eine Durchgriffshaftung allein wegen Unterkapitalisierung abgelehnt. Auch in den Fällen von extremer Unterkapitalisierung hat er Lösungswege über Primärhaftungstatbestände, insbesondere über § 826 BGB, gesucht.[362] Um bei dieser Vorschrift auch dem subjektiven Erfordernis des Schädigungsvorsatzes zu genügen, schließt der BGH und auch ein Teil der Literatur vom Tatbestand der qualifizierten Unterkapitalisierung auf das subjektive Erfordernis. Eine ausdrückliche Ablehnung dieses Durchgriffstatbestands ist den Entscheidungen des BGH zwar nicht zu entnehmen[363], die Unterkapitalisierung wird in den einschlägigen Sachverhalten als Begründungselement jedoch nicht herangezogen. Dagegen hat das OLG Hamburg in einer Entscheidung aus dem Jahre 1973 eine Durchgriffshaftung wegen Unterkapitalisierung für möglich gehalten, sie aber in diesem konkreten Fall wegen mangelnder Voraussetzungen abgelehnt.[364]
Unter den Gerichten anderer Gerichtszweige ist noch das Urteil des Bundessozialgerichts zu nennen.[365] Hierin verurteilte es den Gesellschafter einer Komplementär-GmbH im Wege des Durchgriffs zur persönlichen Rückzahlung von Beihilfeleistungen wegen Unterkapitalisierung.

In der Literatur dagegen wird die Durchgriffshaftung bei Unterkapitalisierung überwiegend befürwortet.[366] Zwar differieren die Ansichten hinsichtlich der Voraussetzungen und der Rechtsfolgen, mehrheitlich wird jedoch angenom-

---

362 so BGH NJW 1979, S. 2104; BGH NJW- RR 1988, S. 1181; BGHZ 107, S. 7, 21 (Tiefbau); vgl. auch schon RG JW 1938, S. 862

363 BGHZ 95, S. 330 (Autokran); BGH NJW-RR 1988, S. 1181

364 OLG Hamburg BB 1973, S. 1231; in dieser Entscheidung setzte sich das Gericht mit der vorangegangenen Literaturdiskussion zur Gesellschafterhaftung auseinander und schloß sich im Ergebnis den Normzwecklehren an.

365 BSG ZIP 1984, S. 1217.

366 Stimpel, in: FS Goerdeler, S. 603, 607 f.; Raiser, S. 207 f.; Wiedemann, GesellR I, S. 224; G. Kuhn, in: FS Fischer, S. 351 ff.; Blaurock, in: FS Stimpel, S. 559; Hachenburg-Ulmer, Anh. § 30 RdNr. 55 ff.; ders. GmbHR 1984, S. 261

men, daß die Durchgriffshaftung in den Fällen ganz eindeutiger Unterkapitalisierung greifen kann.[367]
In der Lehre gibt es aber auch Gegenstimmen, die eine Durchgriffshaftung bei Unterkapitalisierung grundsätzlich ablehnen.[368] Meist wird auf den aus § 826 BGB folgenden Schutz der Gläubiger hingewiesen. Andere Autoren lehnen die Durchgriffshaftung aufgrund dogmatischer Bedenken generell ab.[369]

2. Der Tatbestand

a) Grundsätzliche Möglichkeit der Durchgriffshaftung bei Unterkapitalisierung

Übereinstimmend mit der herrschenden Lehre erscheint es richtig, von einem Tatbestand der Unterkapitalisierung mit der Möglichkeit einer darauf gestützten Durchgriffshaftung auszugehen. Richtigerweise und unstreitig wird zwar von den Gegnern immer wieder darauf hingewiesen, daß eine Pflicht zu angemessener Kapitalausstattung nicht besteht.[370] Das GmbHG selbst begnügt sich mit der Statuierung eines festen Mindestkapitals von DM 50 000 und überläßt die Festsetzung eines höheren Stammkapitals der Privatautonomie der Gesellschafter. Andererseits sollen die juristische Person und die Bestimmung des Mindestkapitals aber nicht dazu dienen, Geschäftspraktiken Vorschub zu leisten, welche ohne die Figur der juristischen Person nicht möglich wären oder als absolut unbillig erachtet werden. Insofern kann auch dem Gesetzgeber nicht unterstellt werden, er habe mit der Freiheit, die Höhe des Stammkapitals selbst zu bestimmen, den Gesellschaftern ermöglichen wollen, ohne Rücksicht auf den Geschäftsumfang und extrem niedrigen Kapitaleinsatz das Haftungsprivileg auf Kosten der Gesellschaftsgläubiger zu verschaffen.[371] Das Problem des Gesetzgebers liegt vielmehr in der abstrakten Festlegung ei-

---

367 es gibt jedoch auch Stimmen, die schon bei einer einfachen Unterkapitalisierung eine Durchgriffshaftung befürworten, so z.B. Wiedemann, GesellR I, S. 572; Immenga, Die personalistische Kapitalgesellschaft, S. 403, 416; Winkler, BB 1969, S. 1202, 1207

368 Baumbach/Hueck-Hueck, § 5 RdnR. 6; Rowedder/Rittner, GmbHG, § 5 RdNr. 9; Schulze-Osterloh, ZGR 1983, S. 123, 143 ff.; Vonnemann, Haftung der GmbH-Gesellschafter bei materieller Unterkapitalisierung, S. 125 ff.; ders.; GmbHR 1992, S. 77 ff.; Weitbrecht, Haftung der Gesellschafter bei materieller Unterkapitalisierung, S. 81 ff.

369 Flume, Die juristische Person, S. 84; Wilhelm, S. 316

370 Ulmer, in: FS Duden, S. 661, 667; Stimpel, in: FS Goerdeler, S. 603, 608

371 Hachenburg-Ulmer, GmbHG Anh. § 30 RdNr. 10

nes angemessenen Stammkapitals[372], dies beinhaltet aber nicht gleichzeitg, daß ihm zum Gläubigerschutz die Festsetzung eines Mindestkapitals ausreicht. In dem Fall hätte es auch nicht der Kapitalerhaltungsvorschriften gem. der §§ 32 a, b GmbHG bedurft. Die Gesellschafter verdienen nur dann den Schutz der Haftungsbeschränkung, wenn eine wirtschaftlich lebensfähige Gesellschaft gewollt ist.[373] Grundsätzlich ist daher die Möglichkeit des Durchgriffs bei Unterkapitalisierung zu bejahen. Aus den oben genannten Bedenken ergibt sich aber, insbesondere aus der Unsicherheit, wann eine Unterkapitalisierung anzunehmen ist, die Notwendigkeit, eine Durchgriffshaftung auf extreme Fälle zu beschränken.

b) Der Begriff Unterkapitalisierung

Für die Frage der Durchgriffshaftung ist zunächst zu unterscheiden zwischen der materiellen und nominellen Unterkapitalisierung. "Materielle Unterkapitalisierung" wird im allgemeinen bei unzureichender Ausstattung der GmbH mit Eigen- bzw. Stammkapital angenommen. Sie ist gekennzeichnet durch das gänzliche Ausbleiben der erforderlichen Finanzmittel.[374] Im Extremfall kann die materielle Unterkapitalisierung zur Insolvenz der Gesellschaft führen. Im Unterschied zur materiellen Unterkapitalisierung werden bei der nominellen Unterkapitalisierung die erforderlichen Mittel von den Gesellschaftern zur Verfügung gestellt. Dies geschieht aber nicht in Form von Einlagen, sondern als Fremdkapital, insbesondere als Gesellschafterdarlehen[375], welches sich unter den Voraussetzungen der §§ 32 a und 32 b GmbHG in haftendes Eigenkapital umqualifiziert. Insofern handelt es sich bei der nominellen Unterkaitalisierung um kein Durchgriffsproblem, teilweise wird in diesem Zusammenhang sogar eine Unterkapitalisierung abgelehnt.
Nur die materielle Unterkapitalisierung vermag folglich die Rechtsfolge einer persönlichen Haftung der Gesellschafter zu begründen.

Weiterhin gibt es die Unterscheidung zwischen anfänglicher und nachträglicher Unterkapitalisierung.[376] Für den letztgenannten Fall ist jedoch ein-

---

372 so in der Begründung des RegE 1971/73, BT-Drucks. VI/3088=7/253, S. 110

373 Lutter/Hommelhoff, ZGR 1979, S. 31, 59; Lehmann, ZGR 1986, S. 345, 362, 363; Ulmer, in: FS Duden, S. 661, 678; Blaurock, in: FS Stimpel, S. 554, 559

374 Wiedemann, GesellR § 10 IV 3 (S. 568 ff.); K. Schmidt, JZ 1984, S. 771, 777

375 Hachenburg-Ulmer, An. § 30 RdNr. 21; K. Schmidt, JZ 1984, S. 771, 777

376 Stimpel, in: FS Goerdeler, S. 603, 609; Hachenburg-Ulmer, Anh. § 30, RdNr. 22

schränkend hervorzuheben, daß eine Durchgriffshaftung nur dann als Rechtsfolge in Betracht kommt, wenn bei unvorhergesehenen, substanzbedrohenden Verlusten die Geschäfte der Gesellschaft trotz stark geminderter Eigenkapitalbasis und ohne neue Kapitalzuführung fortgesetzt werden.

c) Beschränkung auf die Fälle "qualifizierter" Unterkapitalisierung

Wegen der Rechtsunsicherheit bei der Bestimmung, wann eine den Durchgriff rechtfertigende Unterkapitalisierung vorliegt, geht die mehrheitliche Literatur zu Recht davon aus, daß diese nur die Konsequenz von Fällen ganz eindeutig unzureichender Kapitalausstattung sein kann. Damit ist man allgemein den Ausführungen Ulmers[377] gefolgt, der von einer Unterkapitalisierung dann ausgeht, wenn die finanzielle Ausstattung der Gesellschaft unter Einschluß etwaiger Gesellschafterdarlehen eindeutig und für Insider klar erkennbar unzureichend ist und ein Mißerfolg bei normalem Geschäftsverlauf mit hoher, das gewöhnliche Geschäftsrisiko deutlich übersteigender Wahrscheinlichkeit zu erwarten ist.[378] Bis heute ist es nicht gelungen, schärfere oder prägnantere Kriterien für eine angemessene Kapitalausstattung zu finden[379]. Insofern wird man mit der Formel Ulmers dem Gebot der Rechtssicherheit auf der einen Seite und dem Gläubigerschutzgedanken auf der anderen Seite am ehesten gerecht.

3. Haftung der Treuhandanstalt wegen materiell unterkapitalisierter Treuhandunternehmen?

Die Frage der Durchgriffshaftung bei Unterkapitalisierung hat in den neuen Bundesländern mit der Umwandlung der einstigen volkseigenen Betriebe eine ganz neue Dimension erhalten, da in der Planwirtschaft der ehemaligen DDR weder Gewinnerzielung noch Eigenkapitalbildung in den Einzelunternehmen eine vergleichbare Bedeutung hatte. Insoweit war es nicht erstaunlich, daß die zu erstellenden D-Markeröffnungsbilanzen, auf die in weitem Umfang die

---

377 Ulmer, in: FS Duden, S. 661, 676; ders., in Hachenburg, Anh. § 30 RdNr. 23; ders. GmbHR 1984, S. 256, 261; sich darauf beziehend G. Kuhn, in: FS Fischer, S. 351, 358; K. Schmidt, GesellR, S. 190; Fischer/Lutter/Hommelhoff, § 5 RdNr. 5 und § 13 RdNr. 8; Lutter/Hommelhoff, ZGR 1979, S. 31, 60

378 Hachenburg-Ulmer, Anh. § 30 RdNr. 23

379 da hier die wirtschaftlichen Gegebenheiten des Einzelfalls von entscheidender Bedeutung sind, wird man zu einer konkreteren Formel wohl auch nicht kommen können

Vorschriften des HGB Anwendung finden[380], zahlreiche Unternehmen als überschuldet auswiesen, diese aber gleichwohl häufig in einem nicht geringen Umfang am Geschäftsleben teilnahmen bzw. teilnehmen.[381] Auf der anderen Seite besteht für die Treuhandanstalt keine Freistellung von der gesellschaftsrechtlichen Grundregel, daß Inhaber von Unternehmen diese mit dem erforderlichen Kapital auszustatten und Gläubigerbenachteiligungen zu vermeiden haben. Daran ändert auch die Tatsache nichts, daß die Entscheidung, ob und in welcher Höhe einem Treuhandunternehmen finanzielle Mittel seitens der Treuhandanstalt zur Verfügung gestellt werden, im Zusammenhang mit ihrer öffentlichen Aufgabenerfüllung getroffen wird. Bei Beteiligungen an Kapitalgesellschaften unterliegt die öffentliche Hand den gleichen Vorschriften wie Privatpersonen.[382]

In der Literatur hat sich zu Recht schon sehr früh die Auffassung durchgesetzt, daß eine Haftung der Treuhandanstalt wegen unterkapitalisierter Treuhandunternehmen bis zur Ablehnung der Ausgleichsforderung gem § 24 DMBilG bzw. Kapitalneufestsetzung auszuscheiden hat.[383] Begründet wird diese Überlegung zum einen damit, daß bis zum Ablehnungszeitpunkt für jeden Gläubiger erkennbar war, daß er nicht von einer angemessenen Kapitalausstattung der Treuhandunternehmen ausgehen könne. Dieses Argument ist bei den Arbeitnehmern natürlich von vergleichsweise geringer Bedeutung, da es sich bei diesem Personenkreis um sog. "unfreiwillige" Gläubiger[384] handelt. Unterstützt wird diese Ansicht jedoch zusätzlich durch die Vorschriften zur Kapitalneuordnung des DMBilG.[385]

---

380 vgl. insb. § 5 DMBiLG

381 siehe dazu einige Beispiele bei Lutter, in: Hommelhoff, Treuhandunternehmen im Umbruch, S. 61, 64, 65

382 siehe dazu auch Weimar, ZIP 1991, S. 1529, 1532 f.

383 vgl. dazu Uhlenbrock, BB 1992, S. 789, 790; Lutter, in: Hommelhoff, Treuhandunternehmen im Umbruch, S. 61, 75; Timm, ZIP 1992, S. 969, 974 (allerdings lediglich im Rahmen einer Hilfsfeststellung); so auch die Argumentation der Treuhandanstalt selber, Balz, ZIP 1992, S. 446

384 siehe zu der Differenzierung zwischen freiwilligen und unfreiwilligen Gläubigern, Drüke, S. 50 ff.

385 vgl. Lutter, in: Hommelhoff, Treuhandunternehmen im Umbruch, S. 61, 74, 75

a) Zeitweilige Billigung der Überschuldung aufgrund von §§ 24, 56 d DMBilG

aa) Regelungsgehalt und Intention des § 24 DMBilG

In § 24 DMBilG wird überschuldeten Unternehmen, die sich bis zum 01.07.1990 in volkseigenem Vermögen befunden haben, die Möglichkeit eingeräumt, durch den Ausweis einer sog. Ausgleichsforderung in der Eröffnungsbilanz die Überschuldung zu beseitigen. Die Regelungen des § 24 DMBilG nennen als notwendige Voraussetzung, daß sich bei der Aufstellung der Eröffnungsbilanz ein "Nicht durch Eigenkapital gedeckter Fehlbetrag" ergibt.[386] Schuldner der Ausgleichsforderung ist das Mutterunternehmen, in aller Regel also die Treuhandanstalt. Dem begünstigten Unternehmen gewährt diese Forderung nicht nur eine bloße Bilanzierungshilfe, sondern stellt einen echten Zahlungsanspruch dar, in dessen Genuß jedoch nur sanierungsfähige Unternehmen einbezogen werden. Die Ablehnung der Ausgleichsforderung hat innerhalb von drei Monaten nach Einreichung der festgestellten Eröffnungsbilanz zu erfolgen.[387] Die Fristen zur Feststellung der Eröffnungsbilanz ergeben sich aus § 35 DMBilG, die gem. § 57 Abs. 1 S. 2 und 3 im Einzelfall verlängert werden können. Eine rechtzeitige Feststellung der Eröffnungsbilanz ist jedoch aus Gründen, die nicht in den Unternehmen lagen, nur in wenigen Fällen erfolgt.
In § 26 DMBilG ist zusätzlich geregelt, daß die Unternehmen, deren bilanzielles Eigenkapital nicht ausreicht, um das gesetzlich festgelegte Mindestkapital abzudecken, den Fehlbetrag mit einer ausstehenden Einlage auf der Aktivseite beseitigen können. Damit soll ihnen dazu verholfen werden, das für ihre Rechtsform vorgeschriebene Mindestkapital zu bilden.[388]

Das Gesetz geht insoweit ersichtlich von der Existenz überschuldeter Unternehmen aus und schafft in den genannten Vorschriften die Voraussetzungen, um eine bestehende Überschuldung zu überwinden und das gesetzlich vorge-

---

386 Eine Definition dieses Begriffs enthält § 268 Abs. 3 HGB

387 Die Ablehnungsfrist wurde durch die Änderung des DMBilG modifiziert. Während nach der alten Fassung, ausgehend vom Bilanzstichtag, also dem 01.07.1990, noch eine Frist von acht bzw. elf Monaten bestand, bestimmt die Neufassung des DMBilG, daß die Ausgleichsforderung innerhalb von 3 Monaten nach Einreichung der festgestellten Eröffnungsbilanz abgelehnt werden kann; siehe ausführlich zu den Änderungen des § 24 DMBilG Müller, in: Budde/Forster, DMBilG, § 24 Ergänzungsband

388 siehe dazu nähere Erläuterungen in v. Wysocki/Dietl/Glaubig u.a., Die D-Markeröffnungsbilanz, S. 205 ff.

sehene Mindestkapital aufzubringen. Bis zur Feststellung der bilanziellen Überschuldung per 01.07.1990 hat der Gesetzgeber in den Vorschriften des DMBilG den Treuhandunternehmen die Teilnahme am Geschäftsverkehr auch für den Fall der Überschuldung eingeräumt.[389] Insoweit ist aufgrund des gesetzgeberischen Willens von einer Durchgriffshaftung bei Unterkapitalisierung für den Zeitraum dieser Übergangsfrist abzusehen.[390].

bb) Inhalt und Intention des § 56 d DMBilG[391]

Der gleiche gesetzgeberische Wille ist auch dem § 56 d DMBilG zu entnehmen.[392] Danach sind die Unternehmen von der Pflicht, bei Überschuldung einen Antrag auf Eröffnung des Gesamtvollstreckungsverfahrens zu stellen, bis zur Beschlußfassung über eine Kapitalneufestsetzung, die in der Regel gleichzeitig mit der Feststellung der Eröffnungsbilanz erfolgt, suspendiert.[393] Gem. § 57 Abs. 1 mußte eine Neufestsetzung zunächst bis spätestens zum 31.12.1991 erfolgen, da anderenfalls das Gesetz eine Auflösung der Gesellschaft vorsieht. Diese Frist konnte von vielen Treuhandunternehmen nicht eingehalten werden, so daß nach zweimaliger Änderung des § 57 DMBilG der Stichtag nach hinten auf den 31.12.1993 verlegt wurde.

b) Mögliche Durchgriffsfälle unterkapitalisierter Treuhandunternehmen

Spätestens nachdem über die Ausgleichsforderung entschieden wurde, gelten nunmehr die allgemeinen Regeln für die Finanzpflichten von Eigentümern. Die Anerkennung der Ausgleichsforderung beinhaltet damit gleichzeitig die Pflicht zur Anpassung des Kapitals und Beseitigung einer materiellen Unterkapitalisierung. Ab diesem Zeitpunkt durften und dürfen die Gläubiger von einer ausreichenden Kapitalausstattung der Treuhandunternehmen ausgehen.

---

389 siehe auch Immenga, NJW 1993, S. 2471, 2475

390 siehe dazu Lutter, in: Hommelhoff, Treuhandunternehmen im Umbruch, S. 61, 74, 75

391 diese Vorschrift wurde mit Änderung vom 22.03.1991 in das DMBilG, BGBl I, S. 782, eingefügt.

392 siehe zu den Fragen des Gläubigerschutzes im Zusammenhang mit § 56 d DMBilG, Ulmer, in: Hommelhoff, Treuhandunternehmen im Umbruch, S. 39, 56 ff.

393 Die Vorschrift tritt an die Stelle der Bestimmungen, welche bis dahin in § 5 GUG enthalten waren

Insoweit kommen insbesondere folgende zwei Sachverhalte in Betracht, bei denen eine Haftung der Treuhandanstalt wegen Unterkapitalisierung möglich erscheint.

aa) Weiterführung trotz fehlender Sanierungsabsicht

Die Treuhandanstalt kennt die Sanierungsunfähigkeit einer Gesellschaft,es besteht aber keine Sanierungsabsicht. Trotzdem wird die Geschäftsleitung dieser extrem unterkapitalisierten Gesellschaft angewiesen, vorerst weiterzuarbeiten bzw. deren Weiterführung geduldet. Dieser Sachverhalt wird nicht von den §§ 24, 56 d DMBilG erfaßt.[394] Hier ist allerdings auch eine Haftung gem. § 826 BGB in Betracht zu ziehen.

bb) Vermögensdispositionen im Rahmen von Unternehmensspaltungen

Außerdem sind Fälle der Unterkapitalisierung bei Spaltungsvorgängen nach dem SpTrUG denkbar, insbesondere wenn ein Unternehmen auf Kosten eines anderen saniert wird.[395] Dabei kann die Anwendung des Spaltungsgesetzes zum Zwecke der Erfüllung der gesetzlichen Aufgaben, zu denen auch die Auflösung und Abwicklung von Unternehmen gehört, nicht die Rechtsfolge eines Haftungsdurchgriffs begründen, auch wenn das Spaltungsgesetz primär zur Erleichterung der Privatisierung geschaffen wurde. Hier fehlt in der Regel das dem Durchgriff wesentliche Element der Gläubigerbenachteiligung, indem bewußt ein Geschäftsrisiko von den Gesellschaftern auf die Gläubiger abgewälzt wird.[396] Eine Haftung der Treuhandanstalt hängt unter diesem Gesichtspunkt also zum einen davon ab, wie die konkrete Verteilung der Vermögensgegenstände bei der Spaltung vollzogen wird und welche Zwecke dabei verfolgt werden. Für den Tatbestand der Unterkapitalisierung drängen sich speziell im Zusammenhang mit der Unternehmensspaltung zwei Sachverhalte auf.

---

394 siehe dazu Ulmer, in: Hommelhoff, Treuhandunternehmen im Umbruch, S. 39, 56, 57; Lutter, in: Hommelhoff, S. 61, 76

395 es wurde bereits auf die Gefahren bei Unternehmensspaltungen in Kapitel 1, B II 2 c hingewiesen.

396 Hachenburg-Ulmer, Anh. § 30 RdNr. 52, 55; Wiedemann, S. 20 f.

(1) Spaltung zum Zwecke der anschließenden Liquidation

Zum einen handelt es sich um Fälle, in denen unrentable Betriebsteile, die schon vor der Spaltung nicht überlebensfähig waren, einem durch die Spaltung neugegründeten Unternehmen zugeordnet oder im Falle der Abspaltung dem übertragenden Unternehmen mit dem Ziel der anschließenden Liquidation überlassen werden. Eine Unterkapitalisierung dieser Gesellschaften begründet in der Regel jedoch dann keine Durchgriffshaftung, wenn die Gesellschaft nicht als werbende fortgeführt wird, sondern sofort in die Liquidation übergeht. Hier kommt die Treuhandanstalt lediglich ihrer gesetzlichen Aufgabe nach, ohne durch den Spaltungsvorgang an sich eine Benachteiligung der Gläubiger herbeizuführen. Aufgrund der anschließenden Liquidation wird es kaum mehr Neugläubiger geben. Diese können sich zudem über eine Einsichtnahme in das Handelsregister Klarheit verschaffen. Was die Altgläubiger anbelangt, so wird eine Benachteiligung aufgrund der in § 11 Abs. 1 SpTrUG enthaltenen gesamtschuldnerischen Haftung vermieden. Auch die Arbeitnehmer sind mit ihren Sozialplanansprüchen im Vergleich zur Haftungssituation vor der Spaltung nicht schlechter gestellt, da sie zu dem Kreis der Altgläubiger gehören. Ausgangspunkt ist ein unrentabler Betriebsteil, der ohnehin stillgelegt werden soll. Insoweit wird schon vor der Spalung eine Betriebsänderung geplant, die die Sozialplanpflicht auch vor der Unternehmensspaltung entstehen läßt. Für die Dotierung des Sozialplans sowie der Durchsetzbarkeit der einzelnen Ansprüche hat daher gem. § 11 SpTrUG die ursprüngliche Gesellschaft einzustehen.

Sollte der Sozialplan erst nach der Spaltung erfolgen[397], so drängt sich der Gedanke auf, daß die Spaltung lediglich zum Zwecke der Einsparung von Sozialplankosten erfolgte und damit eine Gläubigerschädigung beabsichtigt war. Bei einer derartigen Konstellation ist unabhängig von einer Durchgriffshaftung wegen Unterkapitalisierung fast selbstverständlich ein deliktsrechtlicher Anspruch in Erwägung zu ziehen.[398]

---

397 vgl. auch Bork, BB 1989, S. 2181, 2186

398 bei bereits zum Zeitpunkt der Unternehmensspaltung geplanten Betriebsänderungen kommt auch eine "Zurechnung" auf den alten Arbeitgeber bzw. das ursprüngliche Unternehmen in Betracht, vgl. BAG, NZA 1987, S. 523 ff. (wo allerdings keine Unternehmensaufspaltung, sondern eine Unternehmensverpachtung vorlag); so auch Belling/ Collas, NJW 1991, S. 1919, 1921

(2) Ungleiche Verteilung von Aktiva und Passiva ohne betriebliche Notwendigkeit

Die Rechtslage stellt sich jedoch ganz anders dar, wenn im Rahmen einer Unternehmensspaltung die Aktiva des sich spaltenden Unternehmens ganz oder überwiegend einem Unternehmen allein zugeordnet werden, ohne daß diese Zuordnung durch die betriebliche Situation erforderlich oder geboten wäre. Aufgrund der unzureichenden sächlichen und finanziellen Ausstattung wird durch die Unternehmensspaltung eine unterkapitalisierte Gesellschaft geschaffen, die zur alsbaldigen Gesamtvollstreckung verurteilt ist. In diesen Fällen, in denen ohne betriebliche Veranlassung bei der Spaltung eines der neu gegründeten Unternehmen so organisiert wird, daß es für absehbare Zeit nicht lebensfähig ist, kommt eine Haftung der Treuhandanstalt unter dem Gesichtspunkt der Unterkapitalisierung in Betracht. Insbeondere für den Kreis der Arbeitnehmer beinhaltet diese "geplante Totgeburt"[399] erhebliche Benachteiligungen. Die Altgläubiger sind zwar wiederum über die gesamtschuldnerische Haftung gem. § 11 Abs. 1 SpTrUG geschützt. Die Arbeitnehmer aber werden ohne ihren Willen der insolventen Gesellschaft als Neugläubiger zugeordnet.[400] Dadurch tragen sie neben dem erhöhten Risiko des Arbeitsplatzverlustes auch das Risiko der Durchsetzbarkeit einer Sozialplanforderung.
Aber auch bei diesem Sachverhalt werden bereits die Voraussetzungen des § 826 BGB gegeben sein.

Bei der Unternehmensspaltung stünde eine deliktsrechtliche Lösung über den Direktanspruch des § 826 BGB gegen die Gesellschafter bei der Durchgriffshaftung möglicherweise gar nicht nach, weil hier an eine Beweiserleichterung aufgrund der personellen und wirtschaftlichen Verflechtung zu denken wäre.[401] In Betracht käme eine Erleichterung, wie der BGH sie in den konzernrechtlichen Haftungserwägungen des qualifizierten faktischen Konzerns formuliert hat. Seit der TBB-Entscheidung[402] geht der BGH zwar nicht mehr von einer Vermutungswirkung aus, sieht aber eine Erleichterung hinsichtlich

399 so plastisch Belling/Collas, NJW 1991, S. 1919, 1927

400 siehe hier auch die Kritik von Belling/Collas, NJW 1991, S. 1919, 1927 an der unzureichenden Haftungsvorschrift des § 11 Abs. 1 SpTrUG, die sich auch auf neu entstehende Forderungen in gewissem Umfang, etwa auf Sozialplanforderungen, die durch Betriebsänderungen in unmittelbarem Zusammenhang nach Durchführung der Betriebsaufspaltung ausgelöst werden, erstrecken sollten.

401 Bork, BB 1989, S. 2181, 2186 f., der unter engen Voraussetzungen einen prima-facie-Beweis zulassen möchte; so auch Wüst, JZ 1985, S. 817, 823

402 BGH NJW 1993, S. 1200 ff.

der Substantiierungslast vor und legt dem herrschenden Unternehmen, soweit zumutbar, die Darlegung des Sachverhalts auf. Bei Anwendung des § 826 wäre auch das Problem einer etwaigen Subsidiarität der Durchgriffshaftung ausgeschaltet.[403]

Daneben sind natürlich auch bei Treuhandunternehmen Fälle denkbar, in denen diese trotz extremer Unterkapitalisierung weiterhin am Geschäftsleben teilnehmen und damit ihr Geschäftsrisiko in erster Linie auf die Gläubiger abwälzen. Dieser Sachverhalt kann eintreten, wenn die Treuhandanstalt z.B. dringend notwendige weitere Sanierungskredite nicht bewilligt bzw. hinauszögert, die entsprechenden Unternehmen trotz dieses enormen Finanzmangels jedoch weitergeführt werden.

4. Die Rechtsfolgen der Unterkapitalisierung

Die Rechtsfolge der Durchgriffshaftung bei Unterkapitalisierung ist ähnlich wie der Tatbestand nicht unumstritten.
Die weitestgehende Ansicht fordert eine komplette persönliche Ausfallhaftung.[404] Andere Autoren lassen eine Nachschußpflicht[405] bzw. eine Erhöhung auf ein angemessenes Kapital[406] genügen. Grundsätzlich ist eine Ausfallhaftung als Rechtsfolge der Nachschußpflicht vorzuziehen. Neben den Schwierigkeiten bei der Ermittlung des nachzuschießenden Betrags paßt diese Rechtsfolge nicht in den zugrundeliegenden dogmatischen Ansatz der Durchgriffshaftung. Dieser beruht darauf, daß sich die Gesellschafter eben nicht gegenüber den Gläubigern auf den Haftungsauschluß des § 13 Abs. 2 GmbHG berufen dürfen sollen.[407]

Im Zusammenhang mit Sozialplanansprüchen treten nunmehr insbesondere 2 Probleme auf. Der Durchgriff bei Unterkapitalisierung wird praktisch einhellig nur für den Fall der Zahlungsunfähigkeit oder Überschuldung befürwor-

---

403 vgl. KöKo-Kraft, § 1 RdNr. 58; zum etwaigen Vorrang des Konzernrechts K. Müller, ZGR 1977, S. 1, 26 f.

404 Hachenburg-Ulmer, Anh. § 30 RdNr. 66; Lutter/Hommelhoff, ZGR 1979, S. 31, 62

405 K. Schmidt, GesellR, S. 191

406 O. Kuhn, Strohmanngründungen bei Kapitalgesellschaften, S. 219 ff.; Immenga, Die personalistische Kapitalgesellschaft, S. 410

407 siehe dazu Hachenburg-Ulmer, Anh. § 30 RdNr. 62; im Ergebnis ebenso Nirk, in: FS Stimpel, S. 443, 462; a.A. Stimpel, in: FS Goerdeler, S. 603, 616

tet.[408] Für die Sozialplanerstellung bedeutet dies, daß vor Konkurs erstellte Sozialpläne, selbst wenn die Dotierung sich lediglich an dem unzureichenden Kapital orientiert, möglicherweise den Bestand der Gesellschaft gefährden. Ein derartiger Sozialplan stünde insoweit im Widerspruch zu der Regelung in § 112 Abs. 5 Nr. 3 BetrVG. Im Ergebnis könnte damit durch die Unterkapitalisierung jede Betriebsänderung sozialplanfrei gestaltet werden, da bei einer derart unzureichenden Kapitalausstattung jede weitere finanzielle Belastung praktisch zwangsläufig in den Konkurs bzw. in die Gesamtvollstreckung führen würde und daher zu unterbleiben hätte. Die Arbeitnehmer wären im Vergleich zu anderen Gläubigern insofern stark benachteiligt, da man ihnen das Risiko des Fortbestands des Unternehmens aufbürden würde. In Anlehnung an das Konzernrecht ist daher zu versuchen, die Gefahren, die schon vor der Insolvenz Wirkung zeigen, auch zu diesem Zeitpunkt zu egalisieren. Insofern kann es für den Haftungsdurchgriff nicht zwingend auf die Konkursreife ankommen, wenn die Unterkapitalisierung schon vorher eindeutig festzustellen ist. Hier zeigt sich aber die Notwendigkeit einer Beschränkung auf extreme Ausnahmefälle.

Ein weiteres Problem stellt die Sozialplandotierung dar und damit die Frage nach einem möglichen Bemessungsdurchgriff. Insbesondere die Arbeitnehmer als sog. unfreiwillige Gläubiger sind durch die extreme Unterkapitalisierung benachteiligt, da sich grundsätzlich die Sozialplandotierung am wirtschaftlichen Leistungsvermögen des eigentlich verpflichteten Unternehmens zu orientieren hat. Bei einem unterkapitalisierten Arbeitgeber würde für eine Sozialplandotierung die völlig unzureichende Kapitalausstattung zugrunde gelegt. Hier kann man sich aber wiederum die Grundgedanken der Ausführungen über die Normstruktur des § 112 BetrVG zunutze machen, die bereits zu einem Bemessungsdurchgriff auf die Konzernmutter geführt haben. Haften die Gesellschafter bereits mit ihrem gesamten Vermögen für eingegangene Verbindlichkeiten, so erscheint es bei der Ermittlung der Sozialplandotierung ebenfalls gerechtfertigt, nicht lediglich auf das Vermögen des eigentlich verpflichteten Unternehmens abzustellen. Fraglich ist dabei jedoch, ob als Bemessungsgrundlage das Vermögen der Gesellschafter, hier also das der Treuhandanstalt, miteinbezogen werden soll. Dies würde die aus dem Sozialplan berechtigten Arbeitnehmer möglicherweise weit besser stellen, als wenn sie Arbeitnehmer eines Unternehmens wären, welches aufgrund finanzieller Schwierigkeiten zu einschneidenden Betriebsänderungen gezwungen wäre, aber nicht die Grenze zu einer

408 Baumbach/Hueck-Hueck, § 5 RdNr. 6; Immenga, S. 410; Hachenburg-Ulmer, Anh. § 30 RdNr. 61

qualifizerten Unterkapitalisierung überschritten hat. Aus dieser Überlegung heraus läßt sich daher nur ein Bemessungsdurchgriff begründen, der von einem Kapital der verpflichteten GmbH ausgeht, welches in Anbetracht des Geschäftsrisikos von den Gesellschaftern hätte bereitgestellt werden müssen. Insoweit gibt es auch keine Differenzen mit der Ansicht, welche die Unterkapitalisierung als deliktsrechtliches Problem ansieht.[409] Der Schadensersatzgedanke rechtfertigt es gleichfalls, die Arbeitnehmer so zu stellen, als hätte es keine Unterkapitalisierung gegeben. Im Grundsatz gilt das gleiche für die durch Unternehmensspaltung entstandene Unterkapitalisierung. Der Höhe nach ist die Haftung entsprechend § 11 Abs. 1 SpTrUG auf den Betrag zu begrenzen, den die Arbeitnehmer erhalten hätten, wenn die Spaltung nicht durchgeführt worden wäre. Für die wirtschaftliche Vertrebarkeit des nach einer Spaltung vereinbarten Sozialplans ist daher auf die Verhältnisse des vormaligen ungespaltenen Unternehmens abzustellen.

Im Ergebnis lassen sich die Fälle der Unterkapitalisierung zu einem großen Teil über § 826 BGB bewältigen, so daß es nur in Ausnahmesituationen es einen allgemeinen Durchgriffs bedarf. Sofern aber dieser in Betracht kommt, sind nur die Fälle qualifizierter Unterkapitalisierung zu berücksichtigen.[410] Dann ist aber auch ein Dotierungsdurchgriff entsprechend der obigen Ausführungen und bereits vor einem Gesamtvollstreckunsverfahren gerechtfertigt. Bis zur Entscheidung über die Ablehnung einer Ausgleichsforderung im Zuge der Feststellung von Eröffnungsbilanzen scheidet ein Durchgriff wegen Unterkapitalisierung ganz aus.

III. Fremdsteuerung als Durchgriffstatbestand

Bei der Fremdsteuerung handelt es sich um Fälle, in denen eine juristische Person durch ein herrschendes Unternehmen oder einen Privatgesellschafter in rechtlich zu mißbilligender Weise für dessen eigene Interessen dienstbar gemacht wird und dadurch die Gläubiger der abhängigen juristischen Person geschädigt werden.[411] Dabei sollen jedoch nur besonders intensive Formen der

---

409 Reuter, in: MünchKomm, vor § 21 RdNr. 37, K. Schmidt, GesellR, S. 191

410 a.A. Weimar, Nachprivatisierungsprobleme, S. 140 f., der eine Durchgriffshaftung bei Unterkapitalisierung schon grundsätzlich ablehnt; ders., GmbHR 1991, S. 507, 512; ders. noch offenlassend in ZIP 1991, S. 1529, 1532 f.

411 Nirk, in: FS Stimpel, S. 443, 454; Raiser, § 29 III 3

Beherrschung Berücksichtigung finden.[412] Insoweit ähnelt diese Fallgruppe der Haftungsproblematik im Konzern, so daß an die dortige Argumentation angeknüpft werden kann.
Aufgrund des § 28 a EGAktG könnte diese Fallgruppe für die Treuhandunternehmen eine ganz neue Rolle spielen, sofern nicht von einer Subsidiarität dieses Durchgriffstatbestandes auszugehen ist. Darauf soll später gesondert eingegangen werden.

Auch beim Tatbestand der Fremdsteuerung werden erhebliche Bedenken dahingehend geäußert, daß die Beherrschung einer Gesellschaft durch eine andere allein die Durchgriffshaftung nicht rechtfertigen könne.[413] In diesem Zusammenhang weist auch Reuter[414] zu Recht darauf hin, daß eine überdurchschnittliche Intensität der Beherrschung auch Merkmal eines gesteigerten Interesses an der Gesellschaft sein kann. Zu der Herrschaftsmacht wird die Verfolgung kollidierender Interessen, sog. Sonderinteressen verlangt, deretwegen den Gläubigern und speziell den Arbeitnehmern ein Nachteil oder Schaden ensteht. Die Herrschaftsmacht darf nicht allein auf das Wohlergehen der juristischen Person gerichtet sein.[415] Eine Durchgriffshaftung, die allein auf einer gesteigerten Form der Fremdsteuerung oder Beherrschung beruht, würde das gesamte Konzernrecht überflüssig machen, zumal innerhalb der Konzernhaftung die Anforderungen an den Nachweis dadurch entstandener Nachteile der Gesellschaft erhöht wurden.[416] Die TBB-Entscheidung des BGH[417] war Ergebnis einer zuvor lang geführten Diskussion, ob allein ein Zustand erhöhter Leitungsdichte die konzernrechtliche Verlustausgleichspflicht auslösen kann, was hier ausdrücklich verneint wurde. Da es sich im Vergleich mit dem Konzernrecht insoweit um deckungsgleiche Problematiken handelt, kann ein Durchgriff auch nur unter den gleichen Voraussetzungen stattfinden.

Die spezifische Gefährdung im Treuhandkonzern liegt darin, daß die Treuhandanstalt jederzeit die letztlich unkontrollierbare Möglichkeit hat, insbesondere die Finanz- und Investitionspolitik und darüber das Geschick des ab-

---

412 Nirk, in: FS Stimpel, S. 443, 454

413 Raiser, § 29 III 3

414 Reuter, in: Münch.Kom., vor § 21, RdNR. 40

415 vgl. K. Schmidt, GesellR, S. 186; Wiedemann, Anm. zu BAG, AP Nr. 1 zu § 128; a.A. K. Müller, ZGR 1977, S. 26

416 siehe zu den Wirkungen der TBB-Entscheidung des BGH: Kapitel 2 III 1

417 BGH NJW 1993, S. 1200 ff.

hängigen GmbH-Unternehmens zu bestimmen, das Unternehmen den treuhand- bzw. konzerneigenen Belangen anzupassen und ihnen damit unterzuordnen, ohne auf die Belange der einzelnen Gesellschaften der Unternehmensgruppe Rücksicht zu nehmen.[418] Im Ergebnis handelt es sich dabei um Konstellationen, die sich vollständig über das Konzernrecht lösen lassen würden, welches zudem über ein geeignetes Haftungssystem verfügt, während die Fallgruppe der Fremdbestimmung immer vage geblieben ist.
Für die Gläubiger von Treuhandunternehmen ist vor dem Hintergrund des § 28 a EGAktG die Frage von entscheidender Bedeutung, ob sie ihre Ansprüche alternativ auf die Durchgriffshaftung wegen Fremdbestimmung oder auf eine Konzernhaftung stützen können. Insoweit käme eine Inanspruchnahme der Treuhandanstalt für Sachverhalte in Betracht, die zumindest für den Zeitraum nach dem 22.07.1992 ausgeschlossen sein sollten.
Vielfach wird in der Literatur[419] und in der Rechtsprechung[420] zu Recht angenommen, daß für die Durchgriffshaftung kein Platz ist, soweit es um die Haftung im Konzernverhältnis geht. Das Konzernrecht hält für die qualifizierte Einflußnahme eine differenzierte Verantwortungsfolge bereit, die zwar primär im Innenverhältnis wirkt, die Interessen der Gläubiger aber mittelbar berücksichtigt. Daneben ist die Fallgruppe der Fremdbeherrschung nicht erforderlich.[421] Schramm[422] gibt außerdem zu bedenken, daß die Durchgriffshaftung eine Umgehung der konzernrechtlichen Haftungsvoraussetzungen bewirken würde. Dieser Punkt wäre im Ergebnis jedoch bedeutungslos, soweit an die Durchgriffshaftung, wie oben vorgetragen, die gleichen Anforderungen zu stellen sind. Für die Arbeitnehmer der Beteiligungsunternehmen bedeutet dies zwar im Endeffekt, daß eine Befriedigung ihrer durch § 28 a EGAktG ausgeschlossenen Ansprüche nicht über eine Durchgriffshaftung realisierbar ist. Dies gilt auch unabhängig davon, ob die GmbH ein- oder mehrgliedrig ist.

---

418 siehe dazu auch Weimar/Alfes, ZIP 1991, S. 1529, 1539

419 so etwa Simon, ZfA 1987, S. 311, 348 ff.; so auch schon Serick, Rechtsform und Realität, S. 14; Baumbach/Hueck-Zöllner, Anh. KonzernR, RdNr. 26

420 siehe auch BGHZ 95, S. 330, 333 f., hier bejaht der BGH zwar die Beeinträchtigung von Gläubigerinteressen durch beherrschende Einflußnahme, geht aber nicht den Weg der Durchgriffshaftung, sondern den einer Konzernhaftung; auch die neueren Urteile des BAG zur betrieblichen Altersversorgung (BAG NZA 1989, S. 844 f.; NZA 1989, S. 845 ff.; AG, 1993, S. 380 ff.)

421 siehe Simon, ZfA 1987, S. 311, 348 ff.; siehe zum Verhältnis von Durchgriffshaftung und Konzernhaftung ausführlich Drax, S. 171 ff.; Schramm, S. 144 ff.

422 Schramm, S. 144

Eine Haftung wäre allein wegen der Einmann-Stellung mit dem geltenden Recht nicht vereinbar.[423]

Dieses Ergebenis erscheint unter folgenden Gesichtspunkten aber auch sachgerecht. Jegliche Sonderinteressen, deren Befolgung einen Nachteil für das beherrschte Unternehmen herbeiführt, ergeben sich aus dem Konzernverhältnis. Insoweit ist auch das Konzernrecht zur Lösung heranzuziehen. Würde man neben diesem Lösungsansatz zusätzlich eine Durchgriffshaftung befürworten, würde im speziellen Fall des Treuhandkonzerns die Regelung des § 28 a EGAkt praktisch außer Kraft gesetzt. Die Haftungsbefreiung in § 28 a EGAktG soll genau die Sachverhalte erfassen (auch wenn der Gesetzgeber lediglich von einer Klarstellung spricht), die von dem Tatbestand der Fremdsteuerung wiederum erfaßt würden. Für die typischen Gefährdungen im Treuhandkonzern ist eine Haftung der Treuhandanstalt über den Umweg der Fremdsteuerung daher nicht möglich. Bei qualifizierter Einflußnahme ist eine Inanspruchnahme ausschließlich innerhalb der konzernrechtlichen Haftungstatbestände sachgerecht, insbesondere auch und nicht etwa trotz Beachtung des § 28 a EGAktG.

IV. Ergebnis zur allgemeinen Durchgriffshaftung

Auch die Erwägungen zur allgemeinen Durchgriffshaftung führen nur in wenigen Ausnahmefällen zu einer Haftung der Treuhandanstalt für Sozialplanansprüche. In diesen Fällen ist jedoch auch eine unternehmensübergreifende Sozialplandotierung gerechtfertigt. Insbesondere bei der Fallgruppe der Vermögensvermischung besteht für die Treuhandanstalt die Gefahr, bei Betriebsänderungen für Sozialplanansprüche in Anspruch genommen zu werden.[424]

Bei materieller Unterkapitalisierung bietet sich häufig eine Lösung über § 826 BGB an, zumal insbesondere im Zusammenhang mit einer Unternehmensspaltung nach dem SpTrUG an eine Beweiserleichterung zu denken ist. Eine Haftung bei Unterkapitalisierung wird im speziellen Fall der Treuhandanstalt und ihren Beteiligungsunternehmen bis zur Kapitalneufestsetzung ganz ausgesetzt.[425]

---

423 BGHZ 95, S. 330, 346; Lutter, ZIP 1985, S. 1425, 1431

424 vgl. Kapitel 3 C I

425 vgl. Kapitel 3 C II 3 a

Endergebnis

Abschließend sollen nochmals die wichtigsten Ergebnisse der vorliegenden Arbeit zusammengefaßt werden.
Die komplette Umgestaltung der Wirtschaft der ehemaligen DDR hat vielfach einschneidende Auswirkungen für die Arbeitnehmer mit sich gebracht, insbesondere durch den großen Personalabbau innerhalb der neu entstandenen Kapitalgesellschaften. Das Betriebsverfassungsgesetz wurde bereits durch Gesetz vom 21.06.1990 zur Geltung gebracht, so daß die Betriebsänderungen von den Sozialplanregelungen begleitet wurden und werden. Dies gilt auch vor dem Hintergrund des § 112 a BetrVG, der auf die Treuhandunternehmen mangels Neugründung keine Anwendung findet.[426]

Die Treuhandanstalt hat detaillierte Regelungen zur Aufstellung eines Sozialplans in ihren Richtlinien, die ihrerseits auf einer gemeinsamen Erklärung mit der DAG und dem DGB basieren, aufgestellt, die in der Vergangenheit der wirtschaftlichen Entwicklung angepaßt wurden. Diese Vereinbarungen begründen jedoch weder unmittelbare Ansprüche der Arbeitnehmer noch klagbare Ansprüche der Vertragspartner; sie haben weder normative noch schuldrechtliche Wirkung, sondern beinhalten lediglich eine Selbstbindung der Treuhandanstalt.[427]

Daß die Treuhandanstalt lediglich in Ausnahmefällen für Sozialplanansprüche haftbar gemacht werden kann, hat die Auseinandersetzung mit den konzernrechtlichen Haftungsmöglichkeiten und der allgemeinen Durchgriffshaftung gezeigt.
In der Regel greifen die weitestgehenden konzernrechtlichen Ansprüche im qualifizierten faktischen Konzern analog §§ 302, 303 AktG nicht. Zwar konnte eine Unternehmenseigenschaft der Treuhandanstalt im Sinne der §§ 15 ff. AktG festgestellt werden, da die Treuhandanstalt in mehr als einem Unternehmen kollidierenden wirtschaftlichen Interessenbindungen unterliegt.[428] Weiterhin ist sie als faktischer Konzern einzustufen, da sie auch die Merkmale eines herrschenden Unternehmens im Sinne des § 18 AktG erfüllt. Insbesondere aufgrund ihrer Rolle als "Liquiditätsversorger" hat sie die Möglichkeit, auf alle Unternehmensbereiche Einfluß zu nehmen. Das Unternehmensge-

426 Kapitel 1 B III

427 Kapitel 1 C II

428 Kapitel 2 B II

bilde Treuhandanstalt und Beteiligungsunternehmen bildet in aller Regel aber keinen qualifizierten faktischen Konzern. Es ermangelt zumeist schon an erhöhter Leitungsintensität, die mit der Beeinträchtigung der Eigeninteressen des abhängigen Unternehmens einherzugehen hat.[429] Es ist aber jeweils eine Überprüfung am Einzelfall vorzunehmen.

Die Qualifizierung der Treuhandanstalt und Treuhandunternehmen als Konzern hat die weitere Überlegung einer unternehmensübergreifenden Sozialplandotierung gestattet. Unter Einbeziehung der neueren Rechtsprechung zur im wesentlich gleichgelagerten Problematik der Anpassungsprüfung bei der betrieblichen Altersversorgung wurde für die konzernweite Sozialplandotierung ein weitergehendes Kriterium herausgearbeitet. Für die Einbeziehung des herrschenden Unternehmens in die Sozialplandotierung ist auch hier der Nachweis dauernder, nachteiliger Einflußnahme zu erbringen. Dies gewährleistet, daß eine unternehmensübergreifende Sozialplandotierung nur erfolgt, wenn die sozialplanpflichtige Gesellschaft diese "Überdotierung" vom herrschenden Unternehmen im Innenausgleich verlangen kann.[430] Auf den Treuhandkonzern bezogen kommt daher ebenfalls nur in Ausnahmefällen eine unternehmensübergreifende Sozialplandotierung in Betracht.

Diese gewonnenen Ergebnisse zeigen, wie gering die Bedeutung des neu geschaffenen § 28 a EGAktG einzuordnen ist. Allerdings ist die Vorstellung des Gesetzgebers, diese Vorschrift habe lediglich klarstellenden Charakter, im Ergebnis nicht richtig. Eine verfassungsgemäße Auslegung hat jedoch zur Folge, daß seit dem Inkrafttreten auch in den erwähnten Einzelfällen eine Konzernhaftung nicht in Betracht kommt.[431] Dies gilt gleichermaßen für eine konzernweite Sozialplandotierung.

Aufgrund der allgemeinen Durchgriffshaftung erscheint eine Haftung der Treuhandanstalt für Sozialplanansprüche ebenfalls nur in Ausnahmefällen erreichbar zu sein. Insbesondere die Fallgruppe der Vermögensvermischung birgt für die Treuhandanstalt die Gefahr, von den Gläubigern in Anspruch genommen zu werden. Dies gilt insoweit auch für Sozialplanansprüche der Arbeitnehmer.

---

429 Kapitel 2 B III

430 Kapitel 2 C IV

431 Kapitel 2 D

Vereinzelt scheint auch eine Durchgriffshaftung bei Unterkapitalisierung möglich zu sein, wobei diese Sachverhalte sich auch häufig über § 826 BGB lösen lassen.[432] Einschränkend ist bei dieser Fallgruppe außerdem zu beachten, daß für den Zeitraum bis zur Kapitalneufestsetzung überschuldete Gesellschaften zu dulden sind, mithin solange eine Durchgriffshaftung außer Betracht zu bleiben hat.
Soweit wie hier ein Konzernsachverhalt gegeben ist, ist eine Durchgriffshaftung, gestützt auf Erwägungen der Fremdbestimmung, ausgeschlossen. Hier ist der Lösungsansatz in den konzernrechtlichen Haftungstatbeständen zu suchen. In dieser speziellen Situation würde ansonsten außerdem eine Umgehung der Regelung des § 28 a EGAktG vorliegen.[433]

In einer Gesamtbetrachtung zeigt sich, daß eine Haftung der Treuhandanstalt praktisch nur dann in Betracht kommt, wenn nachweislich ein mißbräuchliches Verhalten mit Schädigungsabsicht vorliegt. Insofern sind die häufig geäußerten Bedenken, die Treuhandanstalt hafte allein durch die Erfüllung ihrer gesetzlichen Aufgaben, nicht gerechtfertigt.

---

432 Kaptel 3 C II

433 Kapitel 3 III

Kolibri 360 GmbH
Ferdinand-Jühlke-Straße 7
99095 Erfurt, Deutschland
produktsicherheit@kolibri360.de